動物の〈いのち〉と人間の尊厳

河野勝彦
KONO Katsuhiko

文理閣

まえがき

人間は動物の一種である。にもかかわらず、人間は他の動物と違ってそのすべての存在がかけがえのない尊厳を持ち、危害を加えてはならない存在とされるのに対し、人間以外の他の動物は、食の対象であることを含め人間のための利用の対象とされ、その〈いのち〉は軽視されてきた。しかし、人間の尊厳とは何か、なぜ人間のみが尊厳を持つ存在であるのか、そしてそれにもかかわらず、今、人間の尊厳が守られず、危機にさらされる事態が出ているのは何故か、どのようにすれば人間の尊厳を守ることができるのか、これらの問いを問うことが求められている。そしてまた、尊厳ある存在である人間に比して、なぜ動物は無権利状態に置かれ続けているのか、どのようにすれば動物の〈いのち〉を危機に晒すことなく、守ることができるのか、これらのことを問うことが求められている。本書は、十分な回答をもって答えることはできていないが、ささやかながらこのような問いに答えようとするものである。

以下、各章の概要を示して、本書の案内としたい。

第1章「「人間の尊厳」とは何か、それをいかに守るか」では、ヒト・ゲノム解析やES細胞・iPS細胞による再生技術の開発、そして遺伝子操作技術の進展により、その技術は人間そのものを対象とするところまで来ており、人間存在の改変にまで進む可能性が指摘され、これらの危険にどのように対処すべきであるのかが問題とされている。そこでまず、「人間の尊厳」とはいかなる概念かを、「人間」(man)と「個人」(individual)、「尊厳」(dignity)と「尊重」(respect)の各概念についてのホセ・ヨンパルトの規定を手引きに検討している。なぜ人間は尊厳ある存在であるのか、その尊厳性とはいかなることか、クルツ・バイエルツは、人間の類としての尊厳と個人としての尊厳の承認に歴史的なタイムラグがあったことを指摘するとともに、現在、われわれがこの両者の尊厳同士のせめぎ合いの中に立たされていると見ている。

第2章「「剥き出しの生」としての人間の生(Human Life as Bare Life)」では、ジョルジョ・アガンベンが、生を表すギリシア語にはゾーエー(ζωη)とビオス(βιος)という二つの語があり、ゾーエーは、「生きているすべての存在(動物であれ人間であれ神であれ)に共通の、生きている、という単なる事実を表現」するのに対し、ビオスは、「それぞれの個体や集団に特有の生きる形式、生き方を指していた」と言い、ビオスが善き生でありうるのに対し、ゾーエーはただ生きているという生命の事実を意味し、「善きゾーエー」とか「悪しきゾーエー」という言い方は成り立たなかったが、近代国家になってはじめて「ポリスの圏域にゾーエーが入ったということ、つまり剥き出しの生そのものが政治化された」との指摘を取り上げている。剥き出しの生とは、「聖なる人間（ホモ・サケル）（homo sacer）」であり、ホモ・サケルとは、殺害可能、殺害しても罪に問われず罰せられることはないし、犠牲化不可能、宗教的な犠牲に供することのできない生のことである。神の法からも人間の法からも除外された存在である。この剥き出しの生＝ホモ・サケルは、ナチズムにおける強制収容所でのユダヤ人、ハダマー等での「生きるに値しない生命」とされた患者たち、そしてまた今日地球上の多くの場所での難民たちであり、動物たちの〈いのち〉であり、それをどのようにして守るかが問われる。

第3章「生命・生物・環境と倫理」は、動物や植物には倫理が問われないのに、なぜ人間の行為が倫理的に問われるのかを押さえた上で、植物、動物、人間のいのちの連鎖において、特に動物肉食のあり方を問題としている。工場畜産と呼ばれる大規模な食肉生産工場のあり方をめぐる問題である。

第4章「哲学者たちと動物」は、環境倫理学において、人間以外の生命体が内的価値を持っているゆえに、その対象を倫理的に守る必要があるとして、人間中心ではなく、非人間中心の倫理学が求められてきたが、そのような倫理学の展開は今日十分になされていない。そこで、改めてデカルト、ショーペンハウアー、マックス・シェーラー、ハイデガー、デリダといった哲学者たちが、人間と対照させて動物をどのように捉えてきたかを辿り、デリダの動物論に今後の動物についての求められる新しい哲学の可能性を見ている。

第5章「人間論の革新とデカルト——尾関周二氏による機械論的自然観批判と関わって」は、尾関氏が『環境思想と人間学の革新』において、デカルトの純粋な精神としての〈考える我〉と物質的な自然の二元論、機械的自然観と機械的身体観が「人間と自然の分裂」、「心と身体の分裂」、そして「人間と人間の分裂」をもたらしたと主張するのに対して、デカルトの立場から、反論、修正を迫るものである。

第6章「尾関周二著『21世紀の変革思想に向けて—環境・農・デジタルの視点から—』について」は、尾関氏のこれまでの研究を踏まえて出版された革新的な意欲作『21世紀の変革思想に向けて—環境・農・デジタルの視点から—』に対するコメント、批判である。

第7章「実在論の新展開——問題となる論点」は、前著『実在論の新展開』をもとにした論文である。なぜ実在論が求められているのか、「実在論」とは何かを明確化した後で、メイヤスーの思弁的唯物論、グレアム・ハーマンの対象指向存在論、そしてマウリッツィオ・フェラーリスの新実在論についての簡潔な紹介になっている。

第8章「哲学はなんの役に立つのか——哲学の役割」は、哲学に対する批判、今日の社会における哲学の存在感の無さに対する不満、苛立ちに対してどのように答えるのか、今日の社会における哲学の役割について論究したものである。哲学の存在を否定したエンゲルス、「反哲学」「哲学の終焉」を叫んだリチャード・ローティ、これに対して、ハーバマスは、自律化していく諸学問を全体化し統一するという問題は残り、そこに哲学の役割があると言う。これに対し、哲学の役割について広い見通しをつけてくれる見方が、アンドレ・コント゠スポンヴィルの『資本主義に徳はあるか』において展開されている「四つの秩序」論であるとして、その内容を提示している。

目次

第1章　「人間の尊厳」とは何か、それをいかに守るか

1. 危機に立つ「人間の尊厳」「生命の神聖性」

「人間の尊厳」と「生命の神聖性」は、現代社会において、人間の生命を守る切り札、防波堤の役割を果たすキーワードであり、人間の生命を保護する絶対的な価値観を示す言葉として広く認められ普及している。人間存在の尊さ、人命の尊さ、かけがえのなさは、すべての人の認めるところである。しかし、そのことばの聲高に叫ばれる一方で、現代の社会では、そのことばの空洞化が進んでいるとも言える。格差社会としての二極化が進み、貧困で餓死する人が出たり、十分な医療を受けられないまま死に追いやられる人々がおり、自殺の道を選ぶ人が毎年二万人以上に上っている。また、地震や洪水などの自然災害に対する備えが十分でなく、大きな被害が続いている。

このような事態を改めるためには、一人ひとりを大切にする福祉の施策と、科学の発展と

その技術的な開発によって災害を防ぎ、より安全な社会を構築することが求められるが、他方で、その科学技術の発展は、今回の原発事故にも見られるように、安全とはほど遠い世界を現出してしまっている。また生命工学の発展は、生命操作の道を進めて、人間の生命の人工的な改変にまで行きつこうとしており、人間の尊厳、生命の神聖性を脅かすところまできている。ヒトゲノム解析が完了し、その意味の解読が進められ、ES細胞やiPS細胞による再生技術の研究が進展しているが、これらの人体の生物学的な解明は、人間の尊厳、生命の神聖性と抵触するところまで来ている。余剰胚や中絶胎児を用いた研究は、科学者にとって垂涎の的となっているが、かろうじてその制限が掛けられているのが現状である。

しかし、生命活動ということで見た場合、人間の生命は人間以外の他の生物の生命と基本的に差異はないので、動物や植物を用いた研究はほぼ自由に行うことができるということから、人間の尊厳や生命の神聖性は掘り崩され続けていると言ってよいであろう。もちろん私は、人間の尊厳と生命の神聖性の立場から、生命工学研究を行うべきでないと言っているのではない。ただその研究の仕方や研究成果の用い方によって、人間の尊厳や生命の神聖性を毀損するケースが出てくると言いたいのである。

そこで本章では、「人間の尊厳」について、なぜ人間は尊厳ある存在であるのか、その尊厳性とはいかなることか、さらに「生命の神聖性」について、なぜ人間の生命が神聖であるのか、その神聖性とはいかなることかを問うとともに、両者が置かれている危機について考えてみたい。

2.「人間の尊厳」と「個人の尊重」

「人間の尊厳」というときの「尊厳」とは、他と比べることのできない「絶対的な価値」ということであり、その侵犯、毀損は許されないということである。「人間の尊厳」という語句が世界の憲法に初めて現れたのは一九一九年のワイマール憲法第一五一条第一項で、生存権に関して「人間に値する生存（menschenwürdiges Dasein）」という形容詞表現においてであり、その後、一九三七年アイルランド憲法前文で「個人の尊厳と自由（the dignity and freedom of the individual）の保障」が謳われたが、「人間の尊厳」は第二次世界大戦後、国連決議や各国の憲法において多く用いられることになる(1)。周知のように、一九四五年の「国際連合憲章」では、「基本的人権と人間の尊厳及び価値」が謳われ、続いて一九四八年の「世界人権宣言」でも、人類社会のすべての構成員の尊厳と平等の権利が承認されたが、国家の憲法として明確に言明されたのは、一九四九年のドイツ連邦共和国基本法第一条第一項「人間の尊厳は不可侵である（Die Würde des Menschen ist unantastbar.)。これを尊重し、かつ、保護することは、すべての国家権力の義務である」においてである。

一九四七年に施行された日本国憲法においては、「人間の尊厳」という言葉は見られないとはいえ、第一三条の「個人の尊重」や第二四条の「個人の尊厳」という言葉から見て、ドイツ基本法と同じ精神で「人間の尊厳」が含意されていると解するのが憲法学界での通説のようである。たとえば、青柳幸一は、宮沢俊義の憲法第一三条解釈を引いて、次の七点を確認している。「①個人主義の原理を表明したものである。②二四条二項の「個人の尊厳」と同じ意味に解していい。③個人とは、具体的な生きた一人一人の人間をいう。④個人主義は、一方で利己主義に反対し、他方で全体主義を否定する。それは、すべての人間を自主的な人格として平等に尊重しようとするものである。⑤個人主義は、基本的人権の尊重を要請し、そこから、民主主義的諸原理が派生する。⑥ドイツ基本法一条の「人間の尊厳は侵されない。これを尊重し、保護することは、すべての国家権力の義務である」という規定は、本条と同じ趣旨である。⑦個人主義は、「家」の制度の廃止を要請する」(2)。

日本国憲法の「個人の尊重」は、家制度の廃止という特殊日本的要件が加えられるが、ドイツ基本法の「人間の尊厳」の第一義的意味、すなわち国家に対する個人の優越という原則は、日本国憲法においても貫徹していると青柳は見ている。

これに対し、法哲学者ホセ・ヨンパルトは、日本国憲法第一三条の「個人の尊重」は、ドイツ基本法第一条の「人間の尊厳」とはまったく異なった原理に立っていると両者を峻別することの重要性を指摘している。

ヨンパルトは、「人間」(man)と「個人」(individual)、「尊厳」(dignity)と「尊重」(respect)は、概念として同じではないから、この四つの言葉は注意が必要であるとして、次のように指摘する。「人間」概念は、動物、植物、物、神、天使などの人間でないものとの対比によって理解され、普遍的な意味での人間の本質にかかわる概念であって、この世に存在するすべての人間に関わる概念であるが、それに対して「個人」は、他人あるいは全体社会に対して個々の人間を表し、したがって個人は、人間としては平等であっても、個人としてはそれぞれ異なった個性を持っているので相互に違いがあり平等とはいえないと言う。そして、「尊厳」と「尊重」については、「人間の尊厳」とは言えても、「個人の尊厳」とは言えず「個人の尊重」としか言えないこと、また「生命の尊重」は言えても、「生命の尊厳」は言えないとして、次の一五命題が「人間の尊厳」という語句の理解に必要であると指摘する。(3)

①「人間の尊厳を尊重すべき」というのは、例外のない倫理学上かつ法学上の原則である。
②これに対して、「個人を尊重すべき」という原則には例外がある（たとえば、「公共の福祉に反しない限り」、日本国憲法第一三条）。
③質の問題としても、量の問題としても、「すべての人間は同じように尊厳をもっている」。
④したがって、「すべての人間は尊厳をもつ人間としては平等である」。
⑤しかし、「すべての人間は個人として異なるのだから、個人としては平等ではない」。
⑥「人間は人間としては平等を要求し、個人としては自由を要求する」。
⑦「尊厳をもつのは人間だけであるが、尊厳をもたないが尊重すべきものは他にもたくさんある（すべての価値あるもの）」。
⑧「各個人の良心とプライヴァシーは、社会的にも法律的にもできる限り尊重すべきである」。
⑨「『人間の尊厳』から『人命の尊重』は引き出されるが、その逆は言えない」。
⑩「人間の尊厳は不可侵であるが、人間のこの世における生命については、同じことは言えない」。
⑪「個人の自由が不当にあるいは正当に奪われたとき、その個人は自由を失う。しかし人

間の尊厳はどのように侵害されても、その人が人間としての尊厳を失ったとは言えない」。

⑫「人間の尊厳は個人の尊重を含むが、その逆は言えない」。

⑬「個性は人間だけでなく、すべての現存するものにもあるが、尊厳を有するのは人間だけである」。

⑭「個人の尊厳」という表現を用いるとき、「個人の人間としての尊厳」と理解すべきである。

⑮しかし、「人間の個人としての尊厳」とは言えない。尊厳は、個性ではなく、人間性と人格性に起因するからである。

このヨンパルトの「人間」「個人」「尊厳」「尊重」の厳密な概念的区別に基づく指摘は、重大な問題を秘めている。まずヨンパルトは、日本国憲法第一三条の「個人の尊重」は、ドイツ基本法第一条の「人間の尊厳」と同じものではなく、「個人の尊重」は、イギリス、アメリカの自由主義、個人主義の思想のもとにあるのに対し、ドイツ基本法の「人間の尊厳」は、カントに見られる「人格主義」に立脚し、人間を尊厳ある存在とする価値判断が入っていることから、両者は別個の概念であると見る。そして、「人間の尊厳」は例外を許さない絶対的な価値規範であるが、「個人の自由の尊重」は、人間が尊厳ある存在であることから導き出されるに過ぎず、もし個人の自由が「人間の尊厳」を脅かすならば、その自由は認められないのである。ここから「個人の人間としての尊厳」は言えても、「人間の個人としての尊厳」は言えないことになる。そして日本国憲法第二四条の「個人の尊厳」は、「個人の人間としての尊厳」と解さなければ、適切ではないと言うのである。

確かに、日本国憲法第一三条の「個人の尊重」は、ヨンパルトの言うように、それだけでは「人間の尊厳」を導き出すことはできず、「個人の尊重」は個人の生き方や幸福追求の自由を認めても、「人間の尊厳」という価値内容、価値規範に関わる規定ではない。その点で、この条項が、ドイツ基本法のような「人間の尊厳」を侵す行為を禁止するような働きをすることはできない。たとえば、ドイツにおいては、一九九〇年頃に一連の生命倫理に関わる法律（「養子斡旋および代理母斡旋禁止に関する法律」（一九八九）、「遺伝子操作法」（一九九〇）、「胚保護法」（一九九〇））が制定された。これらの法律は、基本法の「人間の尊厳」の保護規範が基礎となっているが、他方、自由主義的な「個人の尊重」の立場では、公共の福祉に反したり、他者危害の原則に反したりしないかぎり、規制はできず、ドイツのように律法の価値規範として働くことはないのである。

ただ、「個人の尊重」はともかく、「個人の尊厳」については、それが「人間の尊厳」と比べて、劣位の地位におかれると言えるかどうかには、疑問がある。「人間」は、確かに普遍語であり、個々の個人を越えて広く人類一般、人間一般を外延とする概念であるが、中世の普遍論争に見るまでもなく、抽象的な人間はどこにも存在せず、個々の人間しか存在しないのであるから、抽象的な人間の尊厳が問題ではなく、個々の人間が人間であるかぎり尊厳を持つ存在として尊重されるということでなければならないのである。なぜなら「尊厳」とは、「かけがえのなさ」としての絶対的な価値であるからして、それは個々の唯一の存在としての「個人」の尊厳でしかないからである。

3.「人間の尊厳」と「人命の尊重」

次に生命については、ヨンパルトによれば、「尊厳」は「人間」にしか言えないので、「生命の尊厳」はもちろん、「人命の尊厳」も言えないこと、「生命」「人命」は「尊重」されるが、絶対的な意味で尊重されるのではなく、例外もあることになる。生命はその主体が単なる生物や動物ではなく人間であるかぎり、「人命」として尊重されるが、それでも「人間の尊厳」と同じように絶対的で例外を許さない尊重ではなく、「人間の尊厳」ほどには尊重されず、その侵害もあり得ることになる。例えば、正当防衛や正当な理由に基づいて人間の生命を奪うことはあり得るが、しかしその場合でも生命を奪われた人の尊厳が侵害されたとはいえないと言うのである。日本国憲法第一三条の「生命に対する国民の権利」は、公共の福祉によって制限されることを認めていると見るのである。人間の生命は、価値あるものと認められても、最高の価値、「人間の尊厳」ほどの価値を持ってはいないと言うのである。

ヨンパルトがこのように考えるのは、彼のカトリック信徒としての考えが前提されているかもしれない。先の⑩項目目「人間の尊厳は不可侵であるが、人間のこの世における生命についても、同じことは言えない」の「この世における生命」という語句に、それが伺いとれる。事実、ヨンパルトは、人間の尊厳のキリスト教による根拠付けについて、神の似姿(imago Dei)としての人間だけが神の永遠のいのちに与るとされるが、その永遠の「いのち」は、ヘブライ語『旧約聖書』では ruath であり、それに対してこの世における「いのち」は nephes として区別されているとして、この世の生命は、例えば殉教者のように永遠のいのちに与るために死を選ぶこともあると見ている。(4)

ヨンパルトが「人命の尊重」を「人間の尊厳」ほどには尊重しないのは、人間にとって重要であるのは、この世の生命ではなく、キリスト教の説く永遠の生命であると考えているからであろう。この点は、同じカトリックの神父であったイバン・イリイチの「生命の偶像崇拝」批判にも見ることができる。

イリイチは、二〇世紀後半のアメリカにおいて、中絶や尊厳死・安楽死をめぐる「生命尊重主義者《プロ・ライフ》」としてのキリスト教会に対する警鐘として、「生命」の偶像崇拝を批判する。イリイチは、「一つの生命」とか「人間の生命」といった言葉でものを考えていると、漠然と、何か非常に重要なことについて語っているような気がするかもしれないが、この実体的な生命という概念は、キリスト教信仰の新たな堕落につながると批判する。「生命そのもの The Life」と「一つの生命 A life」とを識別することが重要であって、主がマルタに対して「わたしは命である」と言われたときに、マルタに告げられた福音は、「主は、「わたしは一つの命《いのち》であるI am a life」などとは言いませんでした。ただ「命《いのち》〔生命そのもの〕であるI am Life」と言った(5)」と言うのである。「唯一の生命」、「永遠の生命」は、「一つの生命」、「人間の生命」ではなく、すべての人が分かちもつ生命なのである。そして、この生命は、人格的なものであって、「一つの実体的なものとしての生命とは、根本的に異なるもの」

であると批判するのである。(6)

しかし、ヨンパルトやイリイチのように、この世の生命、個々の人間の生命を、キリスト教的な「永遠の生命」に比して貶めることはできない。個々の人間、一人ひとりの人間の生命の尊厳こそが何ものにもまして重要視されなければならないからである。

4. なぜ人間には尊厳があるのか

人間はなぜ尊厳ある存在であるのか、その尊厳性とはいかなることであろうか。キリスト教は、「人間の尊厳」を、人間が「神の似姿」として創造されたことをもって根拠づける。(7)しかし、現代に生きるわれわれは、このような宗教的な信仰によって「人間の尊厳」を根拠づけることはできない。

人間がなぜ尊厳ある存在であるかを正面から根拠づけようとしたのは、周知のようにカントである。カントは、人間が目的自体として存在し、他の存在の手段としてのみ用いられてはならない「絶対的価値」を持つ存在であって、「内的価値(inneren Wert)すなわち尊厳(Würde)をもつ」(8)と説いたが、なぜ人間がそのような内的価値、絶対的価値、すなわち尊厳を持つ存在であるかといえば、人間が道徳的存在であるからであった。カントは、人間が尊厳を有する根拠を、人間が道徳的存在者であるということ、自ら道徳法則を普遍的に立法することのできる存在であることに基づける。つまり、人間以外の存在が、自然的な欲求に基づいて行動する非道徳的存在であるのに対し、人間は理性的存在者として、自然的な欲求や傾向性に基づいてではなく、内的な道徳法則に基づいて行為する能力を有しているからというのである。自然の世界に存在するものが、相対的価値、価格をもつのに対して、目的の国の住人である道徳的存在者は、絶対的価値、すなわち尊厳を持つのである。

このカントの人間尊厳概念は、自己あるいは他者である人間存在を、単に手段として用いてはならず、内的価値を持った目的自体として扱わねばならないという現代における「人間の尊厳」概念の中身を形成しているものである。その場合、カントにあっては、道徳法則に基づいて行為する能力を有することが尊厳の資格の根拠になっていたが、現代においては、人間存在一般、人類一般に属することがその根拠になっており、人間存在、人類に属する存在は、すべてどの存在も尊厳を有する存在として尊重されるというのが、「人間の尊厳」理念の意味するところである。このことをドイツ基本法第一条の「人間の尊厳」原則に謳われている「尊厳」の意味として、ドイツ連邦議会審議会答申『人間の尊厳と遺伝子情報——現代医療の法と倫理（上）』（以下「答申」という）は明確にしている。[9]

答申は、ドイツ基本法「人間の尊厳」原則が、ナチズムの人種差別政策や「生きるに値しない生命《いのち》」の選別と抹殺などの歴史の反省から制定されたものであって、すべての人間に妥当するものであり、そのために特定の身体的あるいは精神的能力を必要としたり、特定の生命の質が求められたりすることを否定する。人間の尊厳は、「人間としての人間に帰属しそれ以外のどんな特性にも依存しないという人間の尊厳の規範的な要請から帰結する」[10]普遍的な原理であり、それは、「キリスト教の普遍主義的ヒューマニズムの諸要素を発展的に継承し保存してはいるけれども、それらの宗教的根拠に依存してはいない」こと、「現代の多元主義的な社会において相互尊重の基盤を形成する原理として理解されなければならない」[11]のである。

人間の尊厳は、特定の能力や力量の証明を提示することによって獲得できるような資格証明書ではなく、すべての人間そのものに帰属する一つの普遍的な法的地位（Status）であって、「〝およそ人間というものの〟尊厳、それゆえ〝どのような人間の〟尊厳も保護されている。国籍、年齢、知的成熟、コミュニケーション能力は取るに足りない事柄であり、知覚能力さえ前提とされない。それとともに、自らの尊厳についての意識、それどころか尊厳に値する行いさえも前提されない」[12]のである。

答申は、人間を「価値ある者」と「価値なき生命」とに分けたナチズムを否定して、人間を知性に還元せず「人間はいつでも身体的な存在であり不完全で傷つきやすい存在である」[13]と見て、人間の尊厳にいかなる資格も求めない。したがって、「自己意識」を生きる権利の要件とするパーソン論は論外ということになり、パーソン論が保護の対象から排除した胎児や嬰児、植物状態の患者はもちろん、試験管内のヒト胚もまた人間の生命であって、人間の尊厳保護の対象となる。

それでは、なぜ人間は、人類の一員であるかぎりにおいて尊厳ある存在であるのであろうか。地球上において、人間だけが尊厳を持つ存在である理由は何であろうか。クルツ・バイエルツは、カントやディドロなどの啓蒙主義者による哲学的な人間尊厳の近代的理念が、現代の政治的・法制的な人間尊厳概念へと展開された過程を次のように指摘する。

まずバイエルツは、近代哲学のなかで人間を尊厳ある存在として他の存在から区別してきた根拠は、パスカル『パンセ』の中で規定された無限の宇宙に対峙する「思考する」理性的存在や、ピコ・デラ・ミランドラやルソー、コンドルセなどによる自由な存在としての人間本性の理解、人間は自然によってそのあり方を決定されておらず、自由な自己創造を行うことができる存在であって、それゆえ「人間は自己自身の創造者であるばかりでなく、価値と規範の創造者」[14]でもあり、カントが人間存在の尊厳を道徳的自己立法に基づけたこともこの線に沿ってであると見る。

人間の尊厳の近代的理念とは、人間の本質を「主体性 Subjektivität」と規定し、「神も、運命も、自然も、人間の思惟と行為を拘束するものではない。人間はもはや単に神の似姿ではなく、彼自身ある種の神となっている。つまり人間は、合理的に思考して決定し、彼を取り巻く世界と自己自身を形作り、ついには彼自身の価値と規範をも措定することができさえする。神から人間を区別するのは、ただ彼が死ぬということだけなのである」[15]。これは、後に触れる現代フランスの思想家リュック・フェリーの「神に代わる人間」(L'Homme-Dieu)である。

バイエルツによると、この人間の尊厳概念は、社会制度のなかで平等にすべての人が与ったものでなく、人間同士の敵対や競争の中で社会のすべての人が享受するものではなかったが、二〇世紀になってようやく、政治的・法的用法として展開されるようになり、西洋諸国の憲法や世界人権宣言などの国際的文書の中に法的な地位をもつようになったのである。人間尊厳の理念は、人権の哲学的な基盤となった。いまや、尊厳は、類的存在としての人間一般に帰属する理念ではなく、すべての個々の人間に帰属する理念となったのである。
「尊厳は、自我そのものに、つまり社会における地位には関わらない個人に帰属するものなのである。このことは、アメリカ独立宣言の前文から国連の世界人権宣言に至る、人権の古典的定義においてきわめて明らかになっている。これらの権利は常に、人種や皮膚の色あるいは信条、また実際、性別や年齢、身体的条件あるいは考え得るいかなる社会的身分にも関わりなく、各個人に帰属するのである」[16]。

5. 人類の普遍的尊厳と個々人の人権・尊厳との対立

ところで、バイエルツは、人類の普遍的尊厳という哲学的理念と、個々人の人権を確立する個人の尊厳とは、単に前者の後者への社会的現実的な拡張とのみ見ることはできず、両者の理念の間には、相違点と対立点があると見る。この点は、本章の冒頭で触れた法哲学者ホセ・ヨンパルトの「人間の尊厳」とは言えても、「個人の尊厳」とは言えないという議論と少し関係するかもしれない。

バイエルツは、両者の尊厳理念の相違点の第一は、人間尊厳の哲学的概念が説く人間の主体性が神や自然による上下の垂直的制限に対峙しているのに対して、政治的・法的意味での人間尊厳概念は、人間の自由、主体性が社会内で他の人間や国家による水平の制限にかかわる防壁として働くものと見る。そして第二の相違点は、前者においてカントが人間性の尊厳を単なる個人ではなく、個人の「普遍的に立法しうる能力」に置いたように、類を指向しているのに対して、後者の普遍的・法的人間尊厳概念は、なんら人間性全体ではなく「諸個人」を目指す点にあると見る。もちろん、「個人の尊厳をその個人が人類の一員であることから生じるものと解釈[17]」することによって両者を繋ぐことができ、カントの「あなたはあなたの人格並びにあらゆる他者の人格における人間性を常に同時に目的として扱い、決して単に手段として用いないように行為せよ」という定言命法は、個人の尊厳を人間性の尊厳から導出していると解釈できる。しかし、類としての尊厳と個人の尊厳は、一致するものではないのである。

それは、人間の類としての主体性が増大しても、だからといって個人の主体性がそれによって増大することはなく、むしろ個々人を抑圧することもあるからである。バイエルツは、それを、現在の科学技術文明による人間の自然支配に見る。「自然を制御し操作する手段は、常にまた人間を制御し操作するためにも用いられ得るのであるから、人間の力の増大はすべて不可避的に、人間を支配する力の増大を含意する……人類がその主体性を自然に対して行使するために用いる手段が有効であればあるほど、諸個人を支配し抑圧する力もいっそう効果的に働く」[18]のであって、その点で、個人と類との間の緊張は、解消不可能であり、むしろ鋭くなるのである。

緊張の解消が不可能であるのみならず、むしろ鋭くなるというのは、地球環境の危機を前にして、人類の存続が個々人に対する生活の制限を課すことを求めている現実を見れば明らかであるが、さらに科学が今や人間以外の自然の解明だけではなく、人間自身の自然、すなわち人間の身体や脳、さらには精神活動までも対象とすることによって、「人間はもはや科学的認識や技術的支配の主体であるのではなく、このような認識が進めば進むほど、同時に客体（Objekt）ともなっていく」[19]からである。実際、進化論は、人間存在を生命の自然的な進化の産物であって、その身体と精神的機能は、生物進化の原理に基づいて発達進化してきたとして、精神の認知機構や倫理意識も進化論的に説明可能と見ているし、生命科学や脳科学、神経生物学は、その精神活動を生命工学的に明らかにしようとしている。人間尊厳の理念は、人間存在が単なる自然的存在ではなく、自然とは異なった自由な自己創造を行う存在であるということにあったが、科学が人間を研究対象としてその遺伝工学的な解明を行い、それによって人間性の改造を可能にしつつある。そのような改造は、しかし、人間の尊厳を侵すことにならないか。自らの身体や精神の改造を希望する個人は、類としての人間性の改変まで引き起こすことになるが、それは許されるのかが問われる。人間の尊厳が生みだした科学は、人間のどこにもいかなる尊厳も認めなくなっているのである。

6. 神としての人間：人間の尊厳はどこに求められるか

人間には、いかなる尊厳も聖なるものもない。生命科学は、人間の本性を変えてしまうことも可能になっている。人間の限りない欲望によって、人間は自らの本性を変える可能性に直面している。先にクルツ・バイエルツが言ったように、神も、運命も、自然も、人間の思惟と行為を拘束せず、人間はもはや単に神の似姿ではなく、ある種の神となって、自らの意志によって、彼を取り巻く世界と自己自身を形作ることができるところに来ている。

現代フランスの哲学者リュック・フェリーは、『神に代わる人間』において、かつての宗教的世界が消滅した今、聖なるものとして現れるのは、「神としての人間」であるという。世界の脱魔術化の過程とともに神の人間化、人間の神格化が進行したが、これは超越性や聖なるものの根絶ではなく、それらの人間の内部への移動を意味し、超越性は他者への愛や他者への自己犠牲という人間の心情として表れているという。「ヒューマニズムは信仰心〔精神性〕(spiritualité) を捨て去って倫理を目指すどころか、逆に歴史上初めて、本物の信仰心〔精神性〕、つまり派手な神学的衣装を脱ぎ去って、神の独断的表象ではなく、人間に根ざした信仰心〔精神性〕への扉をわれわれに開いてくれる」[20] ことになったという。ヒューマニズムは、宗教的精神性、宗教的信仰心ではなく、まさしく人間自らがもつ精神性、信仰心を開いてくれるのであって、その超越性は、主体のなかで体験されるとともに、「聖なるものの新たな空間を形づくる」[21] ことになると言うのである。

この聖なる空間を脅かすものが、しかし現在迫ってきている。それが、科学技術とりわけ生命工学による人間身体への侵襲である。リュック・フェリーは、今日、「科学・工業・商業の複合権力がもたらしかねない種々の被害から身体を守る」ことが急迫の問題であって、それと対決するために、われわれは「人間の身体の聖域化、神聖化の時代」[22] に向かわねばならないという。脱宗教化は、聖なるものを根絶するのではなく、科学の発達を前にして、人間の身体が聖なる場となる。「人間の身体は、キリストの身体にならって、聖なる場所となる」[23] のである。しかし、この身体の聖域化、神聖化は、この身体に棲む心の聖化が条件になると見ている。

人間存在が自然的存在ではなく、聖なるものとして超越的存在であること、科学がおよびえない聖なる存在であることによって初めて、人間の聖化は果たされると、リュック・フェリーは考える。人間を他の生物と同様の一つの生物とするのではなく、自然の次元を超越する超越的な存在と見ること、これが彼の言う「超越論的ヒューマニズム（L'humanisme transcendental）」である。この超越論的ヒューマニズムは、価値を世界の外に位置づけ、ルソーやカントの伝統において人間を自由な存在として捉え、科学が解明できない謎（mistère）を人間存在の中心に置くのである。この謎は、たとえば「生得観念、永遠真理、アプリオリの範疇、実存的なもの[24]」であって、これらの想定を証明不可能なものとして引き受けるのである。もしこの謎がないとすれば、「超越性だけでなく、それと同時に人間そのものの人間性も消えて[25]」なくなり、人間は自然に還元されて、他の生物の一つとなってしまうからである。

しかも、価値を世界の外に位置づけることによって、この価値は人間を相互に結びつけることができるが、もし世界のなかに組み込まれた場合には、価値は人間同士を互いに孤立させ、敵対させることになる。価値や権利は共同体への帰属のなかにあるのではなく、「個々の根を捨象した人間そのものの人間性に内在している」[26]のであり、それによって普遍的価値が狭い共同体を越えて人間同士を結びつけるのである。

もはや超越的な神のような外部からではなく、人間に自らの手で超越性としての価値が与えられるとき、人間は自然界、動物界のメカニズムから区別され、「獣性にまで引き下げられる」[27]ことはない。現代の生物学は、認識や芸術、倫理の基盤を暴きだそうとする科学的研究が盛んであるが、リュック・フェリーは、これらの研究に疑問を投げかける。「倫理的あるいは審美的選択を行う能力の基になっている、ある「ニューロン組織」を同定できるようになることを認めるとしても、科学の作業が、こうした選択そのものを説明できるところまでいくと、どうして想像しうるだろうか。人種差別、民主主義、男女平等などに賛成あるいは反対するある個人の態度を、解剖学的ないし遺伝学的差異によって、いずれ説明できると、真面目に考えられるだろうか[28]」と疑問を呈するのである。

人間は、聖なるものであって、科学では解明しきれない謎をもつ。もし人間にいかなる謎、聖なるものもないならば、人間は神ではなく獣性に引き下げられ、人間でもなくなる。リュック・フェリーによれば、この人間に内在する謎にみちた聖なる超越性は、普遍的な価値によってわれわれ人間を結びつけるとともに、われわれの存在の時間的有限性を越えて、時間の彼岸、永遠性、不滅性へとわれわれを導いてくれるものである。それは、他者への愛や犠牲であったり、人道主義的な活動であったりするものであり、生命よりも価値のあるもの、おのれの生命をかけても追求するべきものとなる。生命は、ここでも二次的なものになるのである。

7. 唯物論にとって「人間の尊厳」とは何か

唯物論にとって人間の尊厳とは、いかなることであろうか。唯物論の立場から、人間の尊厳、ヒューマニズムは、いかにして可能なのであろうか。この問いが問われる。なぜなら、人間にいかなる謎、超越性、神聖性も認めない唯物論は、人間を他の自然的存在と同様の一つの存在と考えるからである。

リュック・フェリーは、唯物論がヒューマニズムを標榜するのは、二つの理由で相応しくないという。

第一の理由は、「唯物論は、およそいかなる種類の超越性へのかかわりも、あらかじめ原則上いっさい無効にして、人間を状況に解消してしまう……人間は自己の行為や思想の作者ではなく、あらゆる点で、一つの産物にすぎない、ということになる」からである。唯物論は、自然的、文化的な要因による決定論をとるので、道徳を成立させる条件である自由を保証できないのである。ヒューマニズムは、人間の尊厳に基づくが、自由を否定する唯物論に相応しくないのである。

第二の理由は、「唯物論には、現代の論理学者が「遂行的」と名づける、あの矛盾がいつもよく表れているからだ。つまり、唯物論はその主張の発話のなかにある自分自身の立場を忘れているのだ。自分はだれ一人生き残った者はいない大災厄の犠牲者であると言い張る者と同じで、唯物論は、おのれの主観性が真理であることを願うまさにその時、主観性を否定している」からである。唯物論者は、様々な言説が種々の状況による無意識の決定力によって規定されていると相対主義の立場をとるが、「彼は自分に例外をもうける、つまり、自己の自由な主観性を、主観性としては引き受けるわけにはいかないはずなのに、また導入する」(29)のである。

これらの批判は、これまでも多くの反唯物論者から投げかけられてきたし、唯物論者たちの間でも論じられてきた問題、決定論と自由の問題である。リュック・フェリーが、唯物論にはヒューマニズムを標榜することが相応しくないというのは、ヒューマニズムは人間の尊厳に基づくが、自由を否定する唯物論はその人間の尊厳を否定し、人間を自然や社会環境の産物にしてしまうと見るからである。

唯物論は、人間にいかなる謎も超越性も神聖性も認めない。にもかかわらず、唯物論は、人間に尊厳を認め、ヒューマニズムを主張する。それは、いかなる根拠によるのか。唯物論にとって、人間は、自然の一部であって、他の動物と同様の存在である。もちろん、その存在の仕方は、他の動物と異なっている。しかし他の動物や自然そのものも、「存在の有り難さ」という点では、同じ希有なもの、尊きものである。

これまで西洋の哲学やキリスト教は、肉体（身体）、物質に何らの神聖性も認めず、もっぱら精神、魂に永遠の価値を置いてきた。しかし精神は、身体を超越した実体ではなく、脳を含めた人間身体の活動にほかならない。人間は、この精神によって意志したり、願望したり、怖れたり、喜んだり、悲しんだりする。人間は、進化のなかで獲得した身体的、精神的機構をもとに、自然と社会の環境世界の中で相互に作用し影響し合いながら成長し、生きていく。その存在と活動には、未だ未解明の謎はあっても、それは神秘的な謎ではない。それは、他の生物体、生命体や自然物のなかにある謎と同様のものであるに過ぎない。

それではこのような人間において尊厳とは何か。不可侵と言われ、毀損してはならないと言われる人間の尊厳とは何であろうか。この問に私は、次のように答えることができると考える。第一に、類としての人類が進化の過程で獲得してきた遺伝的形質である。第二に、個体としての人間の生命である。もちろん、人間の尊厳として自由や文化的で人間的な生活の享受が考えられ、個人の社会的自由が奪われたり、飢餓や貧困に晒されたりすることも、尊厳が奪われることになるが、原理的に考えた場合、この二点であると考える。そしてこの二点が今、焦眉の課題となっていると考える。

8．人類の遺伝的形質を改変させることはなぜいけないか

なぜ、人類が進化の過程で獲得してきた遺伝的形質を生命工学によって改変することがいけないのか。人類が現在保持している遺伝的形質は、進化の過程で偶然的に獲得してきたものであり、それを保持しなければならない必然性、義務はない。異なった自然環境のもとでは、異なった遺伝的形質をもった人類が誕生していたかもしれないのである。

さらに、この形質は、さまざまな民族や地域によっても差異があり、同じ民族であっても個人間で差異があり、兄弟、姉妹間でも差異がある。人間の個体識別にＤＮＡ鑑定が使われ

る所以である。その点で、人類の遺伝的形質と言うとき、全人類に共通する形質はあっても、どの個体もその個体に固有の唯一の形質を持っている。たとえば、人類は手を持っているが、その手の細かい形質は、指紋に見られるように個々の人によってすべて異なっており、差異がある。身体のどの部位、器官も個体毎に差異があり、この差異は、個体のＤＮＡの差異に基づいている。

それでは、類として人類が進化の過程で獲得してきた遺伝的形質とは、何であろうか。それは、このように個体毎に異なった遺伝的形質の全体であると私は考える。この人類のもつ遺伝的形質の全体を守ることが人間の尊厳を守ることである。それに手を加えないこと、それを改変しないことが、人間の尊厳を守ることである。

こういうと、遺伝子による病気を治療するためには、遺伝子を操作する遺伝子治療が求められるのではないかという反論があるかもしれない。しかし、すでに日本を含めて世界で行われている遺伝子治療は、「重篤な遺伝性疾患、がん、後天性免疫不全症候群その他の生命を脅かす疾患又は身体の機能を著しく損なう疾患」（遺伝子治療臨床研究に関する指針、平成一六年三月二七日、文部科学省・厚生労働省）に限定され、しかも生殖細胞ではなく体細胞に対してのみ許されている。人類が進化の過程で獲得してきた遺伝的形質、両性の性的交わりによって生まれた新しい個体を幾度も経過して現存するに至った人類の遺伝的形質の総体を守るということ、これが人類の尊厳を守るということである。

しかし今や、生命工学の進歩によってこの人間の尊厳は、危機にあることは否定できない。それゆえに今、われわれは、この危機に立ち向かわねばならない。

9．人間の個体としての生命を守ること

われわれが本章で辿ってきたように、人間の尊厳を守るということは、人間の個体としての生命を守ることではないということが、多くの論者によって論じられてきた。ホセ・ヨンパルトにおいては、人間の尊厳は絶対的であるが、人間の生命は「尊重」はされても「尊厳」の対象ではなかったし、イバン・イリイチにおいても同様であった。神の永遠の生命につながることが重要であって、個々の人間の生命に固執することは、生命の物神崇拝に陥ることになるということであった。

人間の神格化、「神としての人間」を説くリュック・フェリーにおいても、科学技術、生命工学による人間身体への侵襲を前に、聖なるものとしての人間の身体を守ることが求めら

れるとしながらも、結局、人間の神聖性は、身体ではなく生物学的な次元を越えた聖なる精神の超越性に求められた。ヒューマニズムを標榜しながらも、生命は、愛や犠牲のもとに二次的なものとされてしまったのである。

そしてこのことは、クルツ・バイエルツの所論を紹介した箇所で触れたように、人類の普遍的尊厳という哲学的理念が、二〇世紀になってから各国の憲法や国連憲章に個々人の人権を確立する個人の尊厳理念として確立されたことと軌を一にしている。いかに人間の尊厳理念が哲学的に展開されても、それが具体的に個々の人間の尊厳にまで及ぼされなければ、いかなる力にもならないのである。

個々の人間、一人ひとりの人間の生命の尊厳こそが何にもまして重要視されなければならない。人間の尊厳とは、個々の人間の生命のことであって、それを守ることが人間の尊厳を守ることである。もし個々の人間の生命を守らなければ、それは人間の尊厳を守ったことにはならないと言わねばならない。

このことは、唯物論の立場から「人間の死」についてどう考えられるかを問うことによっても確証されるであろう。ヨンパルトやイリイチのキリスト教の立場では、この世での人間の死はたいしたことではない。死は神の御許へ赴くことであるから、むしろ喜ばしいことでさえある。しかし唯物論者にとって、そして私はこれが世俗化した今日のすべての人にとっても当てはまるし、実際にこれが真実であると考えるが、個体の死はその存在の絶滅であるということである。死が存在の絶滅であるがゆえに、唯物論者にとっては、そして人間にとっては、他に取り換えうるものではない。それは絶対のゼロであり、生命は絶対の価値、尊厳を持つのである。

注

（1）青柳幸一『個人の尊重と人間の尊厳』尚学社、一九九六年、八頁。
（2）同前、二五頁。
（3）ホセ・ヨンパルト・秋葉悦子『人間の尊厳と生命倫理・生命法』成文堂、二〇〇六年、二〇～二二頁。
（4）同前、一四頁。
（5）イバン・イリイチ『生きる思想』桜井直文監訳、藤原書店、一九九一年、二八六頁。
（6）同前、二八七頁。
（7）国際神学委員会『人間の尊厳と科学技術』カトリック中央協議会、二〇〇六年。
（8）カント『道徳形而上学の基礎づけ』野田又夫訳、世界の名著「カント」中央公論社、一九七二年、二八〇頁。
（9）ドイツ連邦議会審議会答申『人間の尊厳と遺伝子情報——現代医療の法と倫理（上）』松田純監訳、

知泉館、二〇〇四年。
(10)同前、九頁。
(11)同前、一三頁。
(12)同前、一六頁。
(13)同前、一七頁。
(14)クルツ・バイエルツ「人間尊厳の理念―問題とパラドックス―」(吉田浩幸訳)L・ジープ/K・バイエルツ/M・クヴァンテ著、L・ジープ/山内廣隆/松井富美男編・監訳『ドイツ応用倫理学の現在』ナカニシヤ出版、二〇〇二年、一五五頁。
(15)同前、一五六頁。
(16)Peter Berger, On the Obsolescence of the Concept of Honor、同前、一五九頁からの重引。
(17)同前、一六一頁。
(18)同前、一六二頁。
(19)同前、一六九頁。
(20)リュック・フェリー『神に代わる人間―人生の意味―』菊地昌実・白井成雄訳、法政大学出版局、一九九八年、二八頁。
(21)同前、一二二頁。
(22)同前、一二三頁。
(23)同前、一二八頁。
(24)同前、一八二頁。

(25) 同前、一八三頁。
(26) 同前、一八四頁。
(27) 同前、一三八頁。
(28) 同前、一八六頁。
(29) 同前、一七七頁。

第2章　「剝き出しの生」（la nuda vita）としての人間の生（Human Life as Bare Life）

二〇一四年九月二〇日に大阪府立大学で「環境思想・教育研究会」第二回研究大会のシンポジウムが「〝いのち〟、環境、科学文明から考える―生命哲学と環境哲学―」のテーマのもとに行われ、私は報告者の一人として発言する機会を得ることができ、「環境といのちを守るために」と題して、「1．サステイナビリティについて」、「2．人間のいのちの尊厳について」、「3．人間中心主義と人間非中心主義」、「4．人間／動物問題について、人間による動物の殺戮・食をどう考えるか」に章分けして報告したが、この四つの問題は、いずれも大きな問題であり、十分に掘り下げた報告ができなかったと反省している。そこで「2．人間のいのちの尊厳について」で触れたジョルジョ・アガンベンのいう「剝き出しの生」（la nuda vita）の部分を大会テーマとかかわらせて考えてみることにしたい。

1. 剥き出しの生と政治

アガンベンは、生を表すギリシア語にはゾーエー（ζωη）とビオス（βιος）という二つの語があり、ゾーエーは、「生きているすべての存在（動物であれ人間であれ神であれ）に共通の、生きている、という単なる事実を表現」するのに対し、ビオスは、「それぞれの個体や集団に特有の生きる形式、生き方を指していた[1]」と言う。ゾーエーが「単なる自然的な生」であるのに対して、ビオスは「特定の質をもった生」であり、「個別の生の様態」であった。ビオスが善き生でありうるのに対し、ゾーエーはただ生きているという生命の事実を意味し、「善きゾーエー」とか「悪しきゾーエー」という言い方は成り立たないのである。ただアガンベンは、ゾーエーにおいて善い悪いは区別立てできないが、ゾーエーそのものが善いということ、ただ単に生きていることがそれ自身、善いことであるということは有りえたという。アリストテレスは、『政治学』で、「人々は、単に生きるということのためにも集まり、政治的な共同体を維持する。それは、生きる《ゼーン》ということ自体のうちにもおそらく何がしかの善があるからなのだろう。生き方に関して過度の困難がないのであれば、明らかに、大多数の人々は多くの苦しみを堪えて生《ゾーエー》にしがみつく。まるで、生のうちに一種の晴朗［美しい日］（euēmeria）や自然な甘美さがあるというかのようだ」（アリストテレス『政治学』1278b23-31）と語っているからである。

アガンベンは、この自然的な生としてのゾーエーは、古典古代から近代社会の始まるまで、政治的な共同体から排除され、「純然たる再生産の生として、家《オイコス》の領域にしっかり閉じこめられて」（8）きたが、『知への意志』でミシェル・フーコーが示した生政治の誕生についての記述、「人間は数千年のあいだ、アリストテレスにとっての人間のままだった。つまり、生ける動物に政治的な実存の能力を加えたもの、である。近代の人間はというと、政治において、生ける存在としての自分の生が問いただされる動物なのである」（9-10）を承けて、近代の決定的な出来事として、「ポリスの圏域にゾーエーが入ったということ、つまり剥き出しの生そのものが政治化された」（11）と指摘する。「近代国家は十七世紀以来、その本質的な任務のうちに人民の生の管理を取り込みはじめ、そうすることによって政治を生権力へと転換させる」[(2)]のであり、近代民主主義は、その「はじめからゾーエーの権利要求および解放として姿を現」（18）したのである。

今日私たちは、「生の聖性」、生の聖なる性格を共通の前提として生活しているが、これは、近代社会になってからのことである。それまでは、生はそれ自体として聖なるものとは見なされてこなかったのである。

ただアガンベンは、古典古代の社会が剥き出しの生としてのゾーエーを政治の外に締め出してきたとしても、そこでも政治と剥き出しの生との関係は無関係ではなく、そもそも「生政治的な身体を生産することは主権権力の本来の権能」(14) なのであり、生にその関与が向けられる生政治は、政治の始まりとともに存在してきたと見る。剥き出しの生は、政治によって排除されるとともに同時に包含されてきたと見なすのである。もっともその関係が顕在的なものとなるのは近代国家になってからであり、「国家の打算の中心に生物学的な生を置くことによって、近代国家はまさしく、権力を剥き出しの生に結びつけている秘かな連関を明るみに出」(14) したのである。

しかし政治の中心に生物学的な生を置き、ゾーエーの権利要求および解放として姿を現したとしても、近代民主主義は「そのゾーエーを先例のない破滅から救うことができなく」(19) なっているのである。確かに、近代民主主義は、生を聖なるものとし、生以外の価値を知らず、生に反する価値を知らないとしても、この剥き出しの生は、民主主義において相変わらず、排除されつづけているのであり、その最も極まった形で現れたのは、民主主義とは対極の体制であるナチズムによる強制収容所での剥き出しの生の抹殺である。剥き出しの生が政治的市民権を獲得し、「全面的に新しい政治――言い換えれば、もはや剥き出しの生の例外化（exceptio）に基礎を置かない政治――が存在するようになるまでは、あらゆる理論、あらゆる実践は生の不在の内に捉えられたままであり」（20）続けるというのがアガンベンの見立てである。剥き出しの生の真の意味での政治的市民権の獲得が課題であると見るのである。

2. 剥き出しの生＝ホモ・サケル

剥き出しの生とは、「聖なる人間《ホモ・サケル》（homo sacer）」である。ホモ・サケルとは、殺害可能、殺害しても罪に問われず罰せられることはないし、犠牲化不可能、宗教的な犠牲に供することのできない生のことである。ホモ・サケル、聖なる人間でありながら、神への供犠としての役割を果たすことができず、その殺害が処罰されないという、神の法からも人間の法からも除外された存在である。アガンベンは、古代ローマのポンペイウス・フェストゥス『言葉の意味について』における「聖なる人間《ホモ・サケル》とは、邪《よこしま》であると人民が判定した者のことである。そのものを生け贄にすることは合法ではない（neque fas est eum immolari）。だが、この者を殺害するものが殺人罪に問われることはない（sed qui occidit, parricidi non damnatur）。最初の護民法には、「平民決議によって聖なるものとされた者を誰が殺害しても、それは殺人罪ではない」とある。悪い人や不純な人がホモ・サケルと呼ばれるのはそのためである」（103-4）をもとに、「聖なる人間」がどうして「殺害可能で、犠牲化不可能」なのかの謎を解く。聖性をもっていながらどうして殺害が認められるのか、聖性をもっていながらどうして神に供することができないのかという謎である。

アガンベンは、この謎はタブーについての民族学的研究で大きな影響をもってきた「聖なるものの両義性の理論」、すなわち聖なるものがもつ浄と不浄の両義性によって説明できるのではなく、政治的な主権の構造に結びついたものと見ることによってその謎は解かれると言う。アガンベンは、カール・シュミットの主権論を踏襲し、「主権者は事実、例外状況を布告し、それによって秩序の効力を宙吊りにするという権力を法的秩序によって認められている者である」（25）とし、この法を宙吊りにする例外状態を設定できる主権によって、ホモ・サケルは、「人間の法からの例外化」と「神の法からの例外化」（118）をされた存在と見るべきだと言うのである。

「ホモ・サケルの条件を定義づけるのは、ホモ・サケルに内属した聖性がもつとされる原初的両価性などではなく、むしろ、ホモ・サケルが捉えられている二重の排除のもつ特有の性格、この者が露出されてある暴力のもつ特有の性格である。この暴力――誰もが罪を犯さずにおこなうことができる殺害――は、供犠の執行としても殺人罪としても定義づけることはできない。それは、処刑とも冒瀆とも定義づけることができない。それは、人間の法や神の法といった裁可された形式を離れて、聖事の圏域でも世俗の圏域でもない人間の活動の圏域を開く。この圏域こそ、理解しようと努めなければならない」(119)。

アガンベンは、この圏域こそ「法を宙吊りにし、それによって例外状態の内に剥き出しの生を含み込む、主権的決定の圏域である」(120)と言う。この例外的圏域において主権は、殺人罪を犯すことなく人を殺害すること、剥き出しの生を殺害することができるのである。主権には、この殺害可能、犠牲化不可能な生である剥き出しの生を生産する力が備わっているのである。

以上のような剥き出しの生＝ホモ・サケルについてのアガンベンの解釈について、筆者はその当否を判定する力はないが、今日、剥き出しの生としての人間が置かれている様々な状況を理解するためには見通しのきく視角を与えてくれるものと考えている。

3. 剥き出しの生としての人間

現代において剥き出しの生＝ホモ・サケルとしてその殺害が罪にはならない人間は、ナチズムの安楽死の対象となった「生きるに値しない生命《いのち》」であり、強制収容所でのユダヤ人たちであり、脳死状態の患者であり、国内紛争や政治的迫害等で他国に流入し収容された難民たちである。

ナチズムにおいて、一九三九年から一九四一年八月までに、七万人の精神疾患に罹った人や障害者などが「生きるに値しない生命」としてハダマーやハルトハイムなどドイツ各地の精神病院で「慈悲殺」（安楽死）として殺害された。

またナチズムの強制収容所では、収容者は剥き出しの生としていかなる法の外にも置かれた例外状態の存在であり、その命運は収容所を管理する監督官の恣意に任されていた。

この強制収容所での収容者の命運は、程度の差はあれ、今日世界の各地で発生している難民収容所にもあてはまる。難民収容所においても、「通常の法的秩序が事実上宙吊りにされ、残虐なことがなされようがなされまいが、そのことは法権利にではなく、暫定的に主権者として振る舞う警察の礼節と倫理感覚だけによって決まる」（238）のである。

一九六七年に南アフリカで世界ではじめて行われた心臓移植手術を機に、翌一九六八年にハーバード大学医学部の脳死判定基準が出されて以降、脳死体からの臓器移植は世界で広く行われるようになったが、脳死患者は「生きている死体」として扱われ、その存在をどのように扱おうと、殺人罪に問われることはない。

アガンベンの言う生命についてのゾーエーとビオスの区別は、生命倫理において議論されてきた生物学的な存在としての生命と人格的な存在としての生命の区別に関係している。生命倫理において展開されてきたパーソン論は、生物学的な生命にはそれ自体「生きる権利」を認めず、胎児はおろか嬰児でさえもその殺害を容認しようとし、自己意識をもつ存在しか人格的存在と認めず、遷延性植物状態の患者に対しても安楽死（尊厳死）を容認しようとするが、このパーソン論における生命の区別は、ゾーエーとビオスの区別に対応している。パーソン論における胎児、嬰児、植物状態の患者、脳死状態の患者は、アガンベンの言う剥き出しの生としてのゾーエーであり、ホモ・サケルである。

またゾーエーとビオスの区別は、生命倫理において議論されてきた「生命の神聖さ（sanctity of life）」と「生命の質（quality of life）」の区別に対応する。生命の神聖さの立場が、人のいのちであれば、いかなる状態であれ、その神聖さを認め保護することを求めるのに対し、生命の質の立場は、生きるに値する質をもたない生命の殺害を容認する立場である。生命の神聖さの立場は、剥き出しの生としてのゾーエーをそれ自身、人のいのちの神聖さとしてどこまでも保護し擁護しようとするのに対し、生命の質の立場は、生きるに値する生命の質を有しない人のいのちを切り捨てるのである。剥き出しの生としての人間は、法の下での保護を外され、法の外部へと締め出され、排除されるのである。

4．剥き出しの生としての動物

ゾーエーは、最初にも記したように、「生きているすべての存在（動物であれ人間であれ神であれ）に共通の、生きている、という単なる事実を表現」する言葉であった。すなわち動物の生命は、剥き出しの生であり、それゆえその殺害は処罰されることなく可能である。動物は、法の保護の外に締め出され、除外されているのである。ユダヤ人が、「ヒトラーの告げたとおり「シラミとして」、つまり剥き出しの生として殲滅された」（161）ように、動物は、文字通りシラミとして殺害される。

一九七〇年代に盛んになった環境倫理学において、それまでの人間中心主義の近代の倫理学に対して反省が求められ、道徳的配慮の対象を人間だけではなく、動物や植物、生態系、地球環境にまで拡げるべきであるという人間非中心主義の環境倫理学が強く主張された。しかし世紀が変わった今日においても、人間以外の存在を倫理的な配慮の対象とするという倫理はその力強さを得ていない。それは、倫理だけでは無力であり、それらの存在は法の保護の外に締め出されたままであり、法の保護から除外されているからである。

確かに、これまで「自然の権利」運動が起こされ、さまざまな場所で自然物が原告になって訴訟が行われたが、この運動が法的市民権を持ちえる状態にはなっていないと言わざるをえない。植物や動物は「絶滅の恐れのある野生動植物の種の保存に関する法律」において、生態系は「ラムサール条約」において特に水鳥の生息地として国際的に重要な湿地に関してその保護が規定されているとしても、それは限定された条件付きの保護でしかない。また、動物に生きる権利を認めることを要求する「動物権利論」が、ピーター・シンガーやトム・レーガンによって唱えられたが、法的には、ペット動物に関する「動物の愛護及び管理に関する法律」において、動物の虐待が禁じられているのみである。

動物は、その生の膨大な領域で、ゾーエーとして、剥き出しの生として、法の保護の外に締め出されたままである。

5．生の聖性と近代民主主義

本章冒頭において見たように、アガンベンは、古典古代においては、剥き出しの生としてのゾーエーは、政治の領域から排除され、オイコスに閉じ込められてきたが、近代民主主義において、このゾーエーが政治の領域に入り込み、近代民主主義は、その「はじめからゾーエーの権利要求および解放として姿を現」（18）したにもかかわらず、このゾーエーが政治において市民権を得られず、法の支配から排除されつづけていると言う。このからくりはどうなっているのであろうか。

「ヨーロッパにおける生誕期の民主主義が絶対主義に抗する闘争の中心に置いたのが、市民の特性ある生としてのビオスではなく、名を持たない剥き出しの生、主権的締め出しの内に捉えられた剥き出しの生としてのゾーエー」（172）であった。アガンベンは、一七八九年の「人間と市民の権利の宣言」は、超国家的な「人権宣言」として、法を越える人権を布告するものとしてではなく、実際には、自然的な生としてのゾーエーが、国民国家の正当性と主権を基礎づけるものとして国家構造の前景に登場してくると見るべきであると言う。その第一条「人間は法権利において自由かつ平等なものとして生まれ、そうあり続ける」は、人間の自然的な生、生まれという事実が、法権利の源泉でもあり所持者でもあると宣言しているのである。生まれが国民を形成するのである。

しかしこの人間の自然的な生は、市民の中に解消してしまう。「近代の生政治の端緒となって秩序の基礎に置かれた自然的な生は、市民という形象の内に即座に姿を消してしまう」(177)のである。市民の権利という形をとらないかぎり、人権は無力となってしまうのである。「いかなる人間が市民でありいかなる人間がそうではないのか」(180)の再定義がいくどもなされ、その過程で、「子供、狂人、成年に達していない者、女性、体刑や名誉刑に処せられている者は[……]市民ではない」(181)とされたのである。自然的な生としてのゾーエーに依拠して近代の政治が根拠づけられたとしても、そのゾーエーのなかで内と外の境界線が引かれたのである。

したがって、人権と市民権は乖離しており、市民権を欠く人権は無力である。そしてこれが国民国家の現実であり、とりわけ二〇世紀において増え続けてきた難民は、「市民という仮面をつけずに「権利の人間」が出現した最初のことであり唯一のことである」(182)が、この国民国家の周縁へと排除された剥き出しの生としての難民の人権保護のための国連難民高等弁務官の活動は、「政治的な性格を持ちえず、「もっぱら人道的かつ社会的」な性格しかもちえない」（184）のである。「国民国家の体系においては、いわゆる聖なる不可侵な人権は、それが一国家の市民の権利という形をとることができなくなると、あらゆる後ろ盾を失い、あらゆる現実を奪われたものであることが明らかに」（175-6）なるのである。今や「人権」は、市民権から排除された剥き出しの生としての存在を対象とする言葉として機能しているのであり、そこでは、「聖なる生」としての剥き出しの生、「殺害可能でかつ犠牲化不可能な生」としての難民たちが人道的な支援の対象として存在しているのであるが、その人道的な支援は、国民国家の周縁においやられて政治的な支えを欠くかぎり、例外化の空間としての収容所のなかでしか機能しないのである。アガンベンは、この状況に対してなによりも目指されるのは、「剥き出しの生が、国家秩序においても、人権という形象によってさえも分離されたり例外化されたりすることのないような政治である」（185）と言うが、そのような政治とは、どのようなものであろうか。

6. 剥き出しの生としてのゾーエーと政治

剥き出しの生が、国家秩序においても人権としても例外化されない政治とは、どのようなものであろうか。

本章冒頭で、アガンベンが、生きているという生命の事実を意味するゾーエーは、「善きゾーエー」とか「悪しきゾーエー」という言い方はありえず、ゾーエーにおいて善い悪いの区別立てはできないが、ただ単に生きていることそれ自体が善いことであるということは有りうるとして、その例証をアリストテレス『政治学』の記述、「人々は、単に生きる《ゼーン》ということのためにも集まり、政治的な共同体を維持する。それは、生きるということ自体のうちにもおそらく何がしかの善があるからなのだろう。生き方に関して過度の困難がないのであれば、明らかに、大多数の人々は多くの苦しみを堪えて生《ゾーエー》にしがみつく。まるで、生のうちに一種の晴朗［美しい日］（euēmeria）や自然な甘美さがあるというかのようだ」に見たと述べた。「生きるということ自体のうちにも何がしかの善がある」ということ、「生のうちに一種の晴朗［美しい日］（euēmeria）や自然な甘美さがある」と言うのである。

ゾーエーは、それ自体善いものなのである。そしてこの生は、近代において聖なるものとして、聖なる生としてそれ以上の価値はないものとして崇められている。しかし、この善いもの、聖なるものであるゾーエーは、政治の領域において、例外化のなかに閉じ込められ、その保護の外に置かれている。剥き出しの生としてのゾーエーは、政治的な市民権を獲得していない。政治は常に例外化を必要とするしかないのであろうか。剥き出しの生が例外化されない新しい政治は、不可能なのであろうか。剥き出しの生が政治的市民権を獲得し、「全面的に新しい政治」「もはや剥き出しの生の例外化（exceptio）に基礎を置かない政治」はどのような政治であり、それはどのようにして実現するのであろうか。これが、われわれに課せられた課題である。

注

（1）ジョルジョ・アガンベン『ホモ・サケル—主権権力と剥き出しの生—』高桑和巳訳、以文社、二〇〇三年、七頁。Giorgio Agamben, *Homo sacer: Il potere savrano e la nuda*, Torino, Einaude, 1995. なお以下、本書からの引用は、本文中に訳本のページ数を記す。

（2）ジョルジョ・アガンベン『開かれ—人間と動物—』岡田温司・多賀健太郎訳、平凡社、二〇一一年、三五頁。

第3章　生命・生物・環境と倫理

地球上の生命は、誕生以来、多様な種に分岐進化し、互いに捕食の連鎖を形成してきたが、人間も、かつては自然のなかで狩猟採集の生活を営んでいた。しかし、自然生態系から半ば独立した農業、牧畜を展開するようになって、自然をコントロールする空間で食糧を確保してきた。しかし、今、そのバイオカルチャーの倫理、とりわけ畜産のあり方が問われ、食文化のあり方が問われている。

「いのち」とは、まさに連なり、連鎖を離れては存在しない。その連鎖は、（a）生態系における食う・食われるという生物間の「捕食の連鎖」であったり、（b）生物個体の誕生と死により生命を次の世代へと受け渡し、受け継いでいく生命の「繋がりの連鎖」であったりするし、また、（c）地球上に生命が誕生して以来現存の多様な種に分岐して来た「進化の連鎖」でもある。

「捕食の連鎖」が生物個体間の共時的な水平の連鎖であるのに対し、「繋がりの連鎖」は時間の流れに沿った同種の生命の垂直的な連鎖であり、「進化の連鎖」は種の誕生と死滅という地球的な時間軸における生命の織りなす系統樹の連鎖である。

食う・食われるの「捕食の連鎖」においては、人間は、いのちを繋ぐために植物や動物を食してきたが、かつての野生の自然を相手とする狩猟採集の生活を止めて、農業や牧畜によって食料を確保する文明を開始すると、野生の自然の生態系からは、一歩距離をおいて、バイオカルチャーという人間によってコントロールされた空間で食糧生産を行ってきた。ただ、海や大きな湖や河川での漁業は、養殖や畜養を除いて、いまだ狩猟採集による食糧確保であり、これはなお今後も続くことになり、自然の生態系のなかでの人間の活動ということになる。また、野生の自然とは異なった空間における農業や牧畜にしても、その存在や拡張が、自然生態系に与える影響は極めて大きく、その意味では、生態系と無関係ではなく、生態系から独立してはいない。

さらに、農業、牧畜、漁業のいずれであっても、人間の「いのち」は、他の生物、生命の犠牲のうえに存続を得ているということに変わりはない。捕食の連鎖は、人間においても貫徹されているのである。そして、この捕食の連鎖が基礎にあって、人間の世代間の繋がりの連鎖も、地球的な時間軸における人間の系統樹の連鎖もその存続を許されているのである。

そこで、いのちの連鎖、とりわけ捕食の連鎖に関わる倫理を考えてみたい。

1. 倫理の生物的起源

人間誕生に先立つ地球上の長い生物進化の時間において、倫理という次元は存在しなかった。生命誕生後の何十億年の地球の歴史は、多様な生物たちの消長の歴史であり、大規模な火山の噴火や隕石の衝突、また氷河期などの気候変動により、多くの個体や種が絶滅していったが、そこには、倫理的な善や悪は存在せず、ただ自然的な事実があるのみであった。

倫理や道徳は、人間を離れては存在しない。人間は、他の生物とは異なって理性的存在であると言われるが、また道徳意識をもつ存在として生まれてくる。人間は、自分や他人の行為に対して、批判や称讃を禁じ得ない。イヌやネコは自分の行為に対して、悪かったと反省をしたり、良いことをしたと誇ったりすることはない。イヌやネコには、倫理、道徳の次元が存在しない。彼らは、道徳に拘束されて行動する存在ではないのである。

それに対して、人間は、倫理的存在、道徳的存在である。自らの行為に対して、倫理的な評価をする。善悪の倫理的な規範に照らして、自らの行為を抑制したり、推進したりする。

その倫理的な規範の中身は、人間の各文化的共同体によって異なるが、人間のどの共同体においても、それぞれの倫理的な価値規範があって、それに基づいて、人間は相互に倫理的評価を行う。

人間がなぜ倫理的存在であるのか、なぜ倫理的な評価をする存在であるのかについては、人間の身体的な形態、構造のみならず、人間に特異の感覚や知覚の認知機構や言語運用能力と同様に、倫理意識を持つことが、進化論的に有利であったという説明理由が説得的である。つまり、相互の利他的行動をもつ集団の方がそれを持たない集団よりも進化論的に有利であったように、倫理的な価値規範をもった集団の方が、それを持たない集団よりも生存に有利であったからということである。人間以外の動物にも利他的行動が見られるが、人間の場合は、倫理意識を持ち、意識的に倫理的行動を行うのである。

2. 倫理の対象

人間が倫理的な行動を行う場合に、その倫理的な配慮の対象は、あくまで人間であった。人間に害になる行為は避け、人間に有益な行為を行うこと、これが求められた。倫理は人間を目的とした。人間以外の自然物は、生き物である動物や植物を含めて、人間にとっての価値、人間にとっての有用的価値はあっても、それ自身に内的価値はなく、倫理的配慮の対象とはされてこなかった。人間以外の自然物が大切にされるのは、あくまでそれが人間にとって有用であり、人間にとっての資源であるからであった。

環境問題が深刻の度を深めてきた一九七〇年代になるまで、倫理は人間中心であり、自然をいかに利用しそこから利益を得るか、いかに有効に活用するかがひたすら問題とされ、自然それ自体を尊重するという視点は出てこなかった。しかし、ようやくそれ以降、人間にとっての価値だけではなく、人間にとっての有用性とは独立に自然物それ自身に内的価値を認める立場をとる環境倫理学が多く唱えられるようになった。人間も進化の長い歴史のなかで他の生物との連続性において誕生した進化の一産物であるという意味で、他の生物と存在論的に異ならないからである。

無機的な自然が物理化学的な変化のみをするのに対し、生物、生命体はその物理化学的な変化を通して同一性を維持したり増殖したりして、目的論的な在り方をする。この目的論的な在り方をする生命的存在はその統一性を保持し達成しようとする働きをもち、そこからこの生命体にとっての価値と反価値の区別が生じる。これが生命的自然が内的価値をもつという証左である。人間に内的価値があるように、人間以外の生物、生命体にも内的価値があるのである。

生命体は、生きている存在であって、それゆえに常に死の可能性をもつ。生命体は、新陳代謝なしには存在しない。常にその環境を構成する物質の一部を一時的に取り込み、活用し、再び排泄する活動を通じてその存在を維持する。物理的な存在である陽子や分子、石や惑星は、新陳代謝活動を行わなくてもそれ自身で存在し続けることができる。しかし生命体はそれ自身で自足することはできない。つねに環境との物質交換を続けなければ存続できない。生命体は、つねに死の危機に晒されているという点で、それ自身を価値ある存在として維持しようとする。

ただ、生命的自然はそれ自身のために存在するという意味で人間存在とは独立に価値をもつが、それが倫理的な価値をもつのは、倫理的意識や責任能力をもつ人間存在の登場によってである。倫理的な価値は、責任能力の可能な存在の進化を俟ってはじめて可能だからである。価値は、人間が存在しないときにも存在するが、倫理や道徳は、人間存在を俟ってはじめて成立するのである。倫理意識を持ち倫理的行為主体である人間は、人間だけではなく人間以外の生物、生命体をも倫理的な対象として配慮することが求められるのである。人間は、植物や動物といった生命体の生命活動、自己維持活動を道徳的に配慮することが求められるのである。

3. 植物と動物

植物も動物もそして人間も、新陳代謝を行う生命体であること、その点で常に死に晒されているという点では、同じであるが、光合成を行う植物は、生態的に言って生産者、自立栄養者である。花の蜜を求めてやってくる昆虫や小鳥を介して受粉したり、果実を食する動物を介して種子を放散させたりするという共生関係を動物との間に取り結んでいることはあっても、植物は基本的に自立的であり、他の生命体に依存せず、他の生命体を犠牲にして生きることはない。それに対して、動物は自活できず、他の生命体を食することによってしか生きられない。植物を食べる植食動物、その植食動物を食べる肉食動物、その肉食動物を食べる肉食動物、さらに人間のように植物や動物肉を食べる雑食動物がいる。まさにいのちの連鎖である。

しかし、このいのちの連鎖において、環境倫理を含めてこれまでの倫理は、植物と動物に対して異なった対応をしてきた。動物に対しては、動物愛護運動や動物権利運動に見られるように、その存在や取扱いに対する倫理的な配慮が求められてきたが、植物に対しては、そのような運動はなく、種レベルでの絶滅危惧種に対する「種の保存法」はあっても、個体の生命に対する倫理的な扱いが問題になることはない。いのちという点では、動物も植物も同じであるが、動物は人間と同様に感覚を持ち、苦しむ存在であるのに対し、植物は物言わぬ存在であり、神経を持たず苦しむことはないからである。

植物を食べることになんらの倫理的問題もないが、動物を食べる場合には、なにがしかの倫理的問題が生じる。動物権利運動からすると、動物肉を食べることは許されない。人間が原始時代において野生の動物たちを狩猟していた時代、あるいは野外に放牧する牧畜とは異なって、今日の畜産の様式は、工場畜産と言われるように、食肉製造工場とでもいうべき様相を呈しており、そこでの動物たちのいのちのあり方が問われるとともに、私たちの食のあり方が問われるのである。

4．工場畜産

農水省二〇一二年二月の畜産統計によれば、日本における主な畜産規模は表の通りである[1]。

この他に、畜産としてはブロイラーがあり、同統計には出ていなかったが、インターネットの情報では採卵鶏とほぼ同規模のようである。

採卵鶏は、ふ化後一五〇日で産卵を開始し、一三カ月の採卵期間（約三〇〇個）を経て加工用食肉に回され、ブロイラーは、ふ化後三カ月二・五kgで出荷される。豚は、出生後五〜六カ月で一〇〇kgを超えて出荷される。乳牛は、生後一五カ月で受胎し妊娠期間二八〇日を経て分娩し、その後七年間の搾乳期間を経て食肉に回され、肉牛は、和牛（雄）が二年六カ月約六九〇kgで、乳用牛（雄）が一年一〇カ月七六〇kgで出荷される。

	戸　数	1戸あたり数	全国飼養数
採卵鶏	2,810戸	48,200羽	174,949,000羽
豚	5,840戸	1,667頭	9,735,000頭
乳用牛	20,100戸	72.1頭	1,449,000頭
肉牛	65,200戸	41.8頭	2,723,000頭

工場畜産は、食肉製造工場と言える。家畜用飼料を食肉に換える工場である。ブロイラーは、飼料二kgから一kgの肉を、豚は四kgから一kgを、牛は一〇kgから一kgの肉を生産すると言われる。

肉の生産効率を高めるために、運動させず密飼いをする。採卵鶏ではバタリーケージという針金でできた狭いケージで、ブロイラーでは平飼いで超過密の飼育をする。密飼いでは感染症があっという間に全体に伝染するので、外部から遮断された環境で電気の明かりだけで飼育され、抗生物質やビタミンDなどの薬剤を混ぜた飼料が与えられる。そして、過密のストレスから他の鶏を突っつくことを防止するために嘴の切断（デビーキング）がなされたりする。

豚でも効率よく太らせるために運動は抑制し、食べることと眠ることしかさせない。豚同士の損傷軽減のため歯を削ったり、尾かじりを防ぐため断尾をしたりする。また、雄豚や雄牛の場合、成長を早め雄性ホルモンによる肉臭を防ぐために去勢されるが、その手術は麻酔なしで行われる。

以上は日本での状況であるが、「毎年一億頭以上の哺乳類と五〇億羽以上の鳥類」[(2)]が殺される肉食の国アメリカでは、工場畜産の規模は日本の比ではない。少し古いデータであるが、ピーター・シンガー『動物の解放』によると、二〇〇〇万羽の鶏が四〇センチ・四五センチ四方の空間に五羽ずつ収容されていたり、[3] 三万六千羽の産卵鶏の世話に一人で四時間しかかけないですむシステムがあったりする。[4] また、養豚についても、自動給餌と糞便処理のできる細長い板を並べた簀の子式の「ベーコン置場《ビン》」と呼ばれる自動化された監禁型豚舎では、年間一〇〇万頭の豚が生産される。[5]

高級レストランで珍重される柔らかい淡色の肉をもつ仔牛は、窓のない畜舎で監禁され、身体の向きも変えられない狭い仕切りの中で脱脂粉乳にビタミン、ミネラル、成長促進剤を加えた液状の餌だけを与えられて三カ月後に出荷されるが、その間、肉が赤くならないように鉄分を与えられず、そのため貧血状態になってすべての仔牛が健康を害することになるという。

仔牛肉とともに、フォアグラ製造に対する国際的な批判もある。フランス南部でのガチョウなどに蒸したトウモロコシを強制給餌して脂肪肝を人工的に作ることに対する動物虐待との批判である。

5．有機畜産：動物福祉の動き

以上のような生きた動物に対する配慮を欠いた工場畜産に対して、近年、ＥＵを始め多くの国において、「動物に優しい」飼育方法、畜産動物に対する「福祉」を重視した飼育方法が追求されている。

イギリスでは、一九七九年に政府の家畜動物福祉審議会でイギリス家畜福祉協議会が提唱していた「五つの自由」（①飢えと渇きからの自由、②肉体的苦痛と不快感からの自由、③傷害や疾病からの自由、④おそれと不安からの自由、⑤基本的な行動様式に従う自由）を打ち出したが、これは、一九九三年に世界獣医学協会でも「動物福祉の原則」として「動物の保護・福祉及び行動学に関する指針」に取り入れられた。

ＥＵでは、「農業目的で保持される動物の保護に関する理事会指令」（一九九八年）において、動物の動作の自由の確保、空気循環・自然光と人工照明の備わった畜舎環境、飼料・水の給与など取り決めており、二〇一二年からは段階的に鶏のバタリーケージが廃止され、二〇一三年からは豚の仕切り飼いが禁止されるとのことである。(6)

国連レベルでも、一九九九年、国連食糧農業機関（FAO）と世界保健機構（WHO）が設置したコーデックス委員会において、「有機的に生産される食品の生産、加工、表示及び販売に係るガイドライン」が出され、有機農産物に関する貿易において加盟世界一七〇カ国が遵守義務を負うことになった。「有機畜産」と銘打って販売されるためには、有機飼料によって飼育され、動物は放牧地、野外の飼育場への自由の確保、家禽はケージでの飼育は禁止され放し飼いの状態で飼養が求められ、断尾、切歯、除角は認められないなど、細かい規定がある。(7)

これらの動きに合わせて日本でも農水省は、二〇〇五年、「有機畜産物の日本農林規格」（JAS規格）を定め、「農業の自然循環機能の維持増進を図る」ことを目的に、生産方法として、①環境への負荷をできる限り低減して生産された飼料を給与し、②動物用医薬品の使用を避けることを基本とし、③動物の生理学的及び行動学的要求に配慮して飼育することが謳われ、③は「動物福祉という言葉に置き換えられる」と位置づけられている。(8)

この動物福祉、有機畜産の動きは、畜産農家の間ではまだ始まったばかりであるが、今後、野菜や果物の有機栽培と並んで、付加価値の付いた畜産物として市場に出回る可能性がある。

6. 動物食と環境

工場畜産のあり方が「動物に優しい方法」に改善されたとしても、それでもなお動物食そのものに対して、環境倫理の観点からの批判と、動物権利論をはじめとする動物肉食そのものへの倫理的な批判がある。

農耕に適さない草原に放牧をして成長した牛や豚、鶏を食べるのであれば、土地の有効利用になるが、人間の食料になる大麦、小麦、トウモロコシ、大豆などを飼料として与える畜産では、食糧の無駄が生じる。動物性タンパク質を止めて植物性タンパク質を食糧とするなら、一〇倍あるいは二〇倍の人口を養えると言われている。よく知られているように、レスター・ブラウンの試算では、もしアメリカ人が年間の肉の消費量を一〇％だけ減らせば、少なくとも一二〇〇万トンの穀物を人間の食用に回すことができ、その量は年間六〇〇〇万人分の食事に相当するとのことである。[9] 畜産動物の摂取を少なくする食生活が求められるのである。

7. 動物肉食は許されるか

人間は動物であり、他の生物の犠牲のうえにしか生きられない。野生の生態系においては、動物は植物や他の動物を食して生き延び、子孫を産み育てる。まさに「捕食の連鎖」、いのちの連なりの連鎖において、自然の生態系は成立している。人間も、かつての原始時代、石器時代においては、植物を採取し、動物を狩猟して生きてきた。そしてその後、農業と牧畜によって食糧を確保する道を歩むことによって、人類の文明を地球上に展開してくることができた。しかし今、人間によってコントロールされた空間における食糧生産というバイオカルチャーの倫理、食のあり方の倫理が問われている。

人間以外の動物相互の捕食において倫理の問題は生じない。そこでは単に自然の営みが行われることでしかない。しかし、倫理的存在である人間の行う生命の営みには、倫理が問われる。人間によって置かれる動物の境遇、動物たちのいのちのあり方について、倫理的な問いは避けられない。動物たちは、倫理的行為主体でなくても、倫理的な配慮の対象でありうる。動物だけではなく、植物であっても、それが生命的自然として目的論的なあり方をするという意味で、その存在を倫理的に配慮する義務が、倫理的主体である人間にはある。ただ、動物は、植物とは違って、苦しむ存在である。確かに、動物であっても、海綿動物やクラゲなどの腔腸動物と哺乳動物や爬虫類を一緒にすることはできないし、魚類をどう考えるかなど微妙な問題もあるが、人間の食の対象である畜産動物は、明らかに苦痛を感じる存在であり、その「幸福な生存」を配慮する責任が人間にはある。

動物権利論の立場からは、動物肉食を止めて菜食主義への転換が強く求められている。この菜食主義にも、乳製品を食することを認めたり、卵を認めたりする穏健派から厳格な菜食主義を実践するヴィーガンと呼ばれる人々もいる。しかし、私自身は菜食主義には無理があると思っている。人間は、太古の昔から植物とともに海の貝類や魚を含めた動物を食してきたからである。それは人間の食の生活文化と言えるのである。もちろん、この生活文化を見直すこと、食のあり方を変えることの必要も否定するものではないし、この動物肉食を認める立場と、動物を倫理的な配慮の対象とする立場とは、対立矛盾することも解っている。しかし、率直に言ってまだそこまで踏み込めないというのが実情である。人間は、生物として、他の生物を犠牲にして生きることをせざるをえない。このことを認めつつ、今は、自らの日々の生活のあり方を見直して生きていきたいと考えている。

注および引用文献

（1）農林水産統計 http://www.maff.go.jp/j/tokei/kouhyou/tikusan/pdf/tikusan_12.pdf

（2）ボヴィッド・ドゥグラツィア『動物の権利』戸田清訳、岩波書店、二〇〇三年、一〇五頁。

（3）ピーター・シンガー『動物の解放』戸田清訳、技術と人間、一九八八年、一三七頁。

（4）同前、一三二頁。

（5）同前、一四七頁。

（6）「畜産改革、優しいはおいしい？　効率優先、見直しへ」「朝日新聞」二〇〇七年六月二二日付。

（7）産業動物の福祉の向上　http://www.env.go.jp/nature/dobutsu/aigo/2_data/arikata/h16_06/mat02.pdf

（8）「有機畜産物の生産工程管理者ハンドブック」特定非営利活動法人日本オーガニック検査員協会、二〇〇六年二月。

（9）ピーター・シンガー、前掲書、二〇六頁。

第4章　哲学者たちと動物

一九九六年発行の尾関周二編『環境哲学の探究』（大月書店）において、私は「環境倫理の哲学的論点」で、環境倫理学には、近代以降の伝統的なヒューマニズムの倫理の枠組みを改変する必要を認めず、未来の世代を含めた人間の福祉を目標にして環境問題に倫理的な対処をしようとする「人間中心主義の環境倫理学」と、人間以外の動物や植物、自然生態系や自然そのものに人間から独立した価値や権利を認め、それらの存在に対する義務を含めて環境問題を考える「生命（自然）中心主義の環境倫理学」の二つの立場があるが、前者の立場をとれば、従来の倫理的枠組みを変える必要はなく、したがってこれに対応する環境哲学においても、近代の人間‐自然関係の把握を大きく変えることはないであろうが、後者の環境倫理学をとる場合は、近代の哲学を超える環境哲学の構築へと進まざるをえないであろうと述べた。（1）

そして私は、後者の環境倫理学である「動物権利論」と「生態系保存論」に対するこれまでの批判的論点を検討したうえで、それらの倫理学には原理的な困難はないとの結論に至った。つまり、これまでの人間に限った倫理の枠組みを動物、植物、生態系へと拡張する理論的可能性について、原理的な困難はないと述べた。

その場合、動物や植物が人間にとっての価値だけでなく、人間から独立にそれ自身内的価値（intrinsic value）をもっているということ、人間以外の生命体は、道徳的行為主体ではないが、それ自身目的論的存在として内的価値をもっており、人間はそれらの存在を道徳的に配慮する義務があるということを論じた。

それから一五年あまりの歳月が経つが、この動物や植物、生命体や自然生態系に対する新しい倫理学的立場は、現実の環境問題に対して何らかの実効ある効果を発揮しているとは言えない状況にある。その理由は、やはりこれまでの人間中心の哲学的枠組みの根深さと、実際の私たちの生活がそれに基づいて展開されている現実があるからであろう。理論的には原理的な困難はないが、実践的・心情的には、まだそれを実践に移しうる状況には至っていないからである。

そこで本章では、改めて人間以外に人間とは独立に内的価値があるということをもっとも示しやすい存在である動物について、その哲学的位置を考えたい。「動物は、この人間中心主義の再検討から権利の主体としての自然の考慮へと通じる〈中心移動〉の過程において、人が出会う最初の存在である」[2]からである。

1. 動物は内的価値を持っている

デカルトの動物機械論では、動物はロボットと同様いかなる意識ももたない。動物が鳴いて苦しがっているとしても、実際に苦しんでいるわけではなく、苦しみの内的過程は存在しない。単に苦しがっているだけで、実際に苦しんでいるわけではないというのがデカルトの立場であった。しかし、これはありえない立場である。動物が実際に苦しんでいることをわれわれが直接知りえないから、デカルトの立場を否定できないということはできない。なぜなら、人間の場合でも当人が本当に苦しんでいるかどうかを直接経験することはできないし、他者の苦しみを苦しむことはできないという点では、動物と変わることはないからである。他の人が実際に苦しんでいると見分けるのは、ただその振る舞いや嘆きの声によってである。その点で、他の人と動物の間に差異はない。他の人が実際に苦しむことが否定できないように、動物が実際に苦しむことも否定できないのである。他の人に観察者から独立に内的価値があるのと同様に、動物に観察者から独立に内的価値があるということは否定できない。ところで、動物が苦しんでいるのは、動物が苦しんでいると観察者が見なすから苦しんでいるのであろうか。もしこの立場に立つと、観察者がいなければ、動物はどんなに苦しんでいても苦しんでいないことになる。しかしこれは可笑しいことである。ところが、価値は人間が付与することによってはじめて存在するという論者は、この立場になる。この論者の立場では、他の人が苦しんでいるのは、観察者がその人が苦しんでいると判断するから苦しんでいるということになる。観察者がいないと、その人はどんなに苦しんでいても、苦しんでいるとは言えないことになる。しかし、こんなことはありえない議論である。

ダーウィンは、「動物も人間と同様に、喜びと悲しみ、幸福と不幸を感じるということは明らかである」(3)と述べているが、これは否定できない事実である。そしてこれが事実であることを認めるならば、動物には人間の評価から独立に内的価値があるということを認めなければならない。これは、極めて明らかなことである。

そして、動物に人間から独立に内的価値があるのであれば、植物を含む生命体にも内的価値があることは、明白である。なぜなら、生命体は、その生命維持という目的を実現することを指向し、それ自身にとっての価値と反価値が存在するからである。

以上の議論で述べられた内的価値は、未だ倫理、道徳の次元での価値ではなく、事実としての価値論の次元に留まり、それを倫理、道徳にまでもたらすためには、道徳的行為主体である人間がこれらの事実をどのように考えるかに依ることになる。これまでの人間中心の倫理学は、人間のもつ内的価値のみを倫理的に評価するだけであったが、問題はこれを拡張して、動物のもつ内的価値をも倫理的に配慮するべきではないかということになるし、さらには植物などの生命体の内的価値をも倫理的に配慮するべきであるということになるかどうかということである。実際、人間の歴史において、同じ人間であっても奴隷を、「生きた道具」（アリストテレス）と見なして道徳的配慮の対象としてこなかった時期があったのである。

2. 動物と人間

古来、哲学者たちは、動物と人間について、両者のさまざまな差異を指摘して人間存在の動物に対する優越性を主張してきた。ホルクハイマーとアドルノは、『啓蒙の弁証法』において、「ヨーロッパ史の上では、人間の理念は、動物との区別のうちに表現されている。動物には理性がないということで、人間の尊厳が証明される」(4)と述べて、「理性を欠く動物への心遣いなどは、理性を持つ者にとっては無用のことなのだ」（同前、p.393）とされてきた現実を確認している。ソクラテス以前から現代までの西洋の哲学者たちがどのように動物を見てきたかを膨大な文献をもとに紹介しているエリザベート・ド・フォントネ『動物たちの沈黙』[5]は、輪廻転生を信じていたピュタゴラス派の影響を受けたプラトンや新プラトン派のポルピュリオスやプルタルコス、そして彼らの影響を受けたモンテーニュなどにおいて、動物を人間との類縁関係（オイケイオーシス）にあるものと見なす潮流がある一方、キリスト教やデカルトに見られる動物と人間を峻別する考え方が主流をなしている点をたどっている。

ただ、プラトンは、例えば『ティマイオス』において、人間のなかでその生涯を不正に送った者は、次の生涯では鳥類や獣類に生まれ変わると述べているが、そこでは動物は類縁的な存在というよりも、価値的に貶められた存在となっている。[6]輪廻転生の思想は、インドにもまた仏教などの影響で日本の民間信仰にもあるが、動物を劣位のものとする点では、プラトンと変わらないであろう。動物を人間と同等の存在とは見ていないからである。

そこで本章でわれわれは、極めて恣意的であるが、（a）ショーペンハウアーの動物観、（b）マックス・シェーラーの動物と対置した人間観、そして（c）ハイデガーの石と動物と人間の差異、最後に（d）デリダの動物論を見ることによって、動物をめぐる問題を考えたい。

(a) ショーペンハウアーの動物観

ショーペンハウアーも、人間には理性（Vernunft）があるが動物にはそれがないと述べる点で、他の哲学者と基本的に変わらない。しかし、動物は理性をもたないが悟性（Verstand）はもっていて、この悟性は人間のそれと同一であると述べる点で、特異である。ショーペンハウアーの言う悟性とは、カントと違って直観能力であって、動物は空間や時間、因果性の認識、結果から原因を、また原因から結果を認識することができると見ている。

「すべての動物には、たとえ植物にいちばん近い動物であろうと、悟性がある。直接の客観（＝身体：河野）における結果から、原因とおぼしき間接の客観へ移行して行くに足るだけの悟性、すなわちある客観を直観するに足るだけの、把握するに足るだけの悟性はすべての動物にある。動物たちをまさしく動物たらしめているのは、ほかでもない、客観のこの把握ということであって、これが動物たちに動機に従った運動の可能性を与え、これにより食糧を探し出したり、少なくとも食糧をぱっと摑まえたりする可能性を与えているのである」(7)。動物ならどんな動物も、その程度はさまざまであっても、瞬時に客観を直観的に認識する能力である悟性をもっているのである。「動物にも因果の認識が普遍的な悟性の形式として内在し、それのみかア・プリオリな形でさえ内在していることは、完全に確実といっていいが、それは因果の認識が人間にとってと同様に動物にとっても、外界のいっさいの直観的な認識の先行条件をなしているという事情にたしかに由来」(141) しているのである。

ショーペンハウアーはこのように、どんなに程度が低くても動物であれば、人間と同様に悟性をもっているが、しかし、どんなに知能が高い動物でも理性はもってはいないと言う。世界は意志と表象から成り立っており、その表象には、直観的表象と抽象的表象の二つの区別があって、抽象的な表象とは、直観的な表象を反省することによって獲得される概念であって、この概念をもちうる能力が人間にのみ備わっている理性なのである。

オランウータンは、たき火を見つけて、体を温めることはできるのに、薪を加えてたき火をたやさないようにすることはできない。「薪を加えることがすでに一つの熟慮を必要とすることの証拠といってよく、熟慮 (Überlegung) は抽象的な概念なしには成り立たないのである」(141)。

この抽象的な概念は、言語能力である理性によってはじめて可能となる。この言葉の使用によって、人間は、他の動物がただ現在のなかでしか生きられないのに対し、未来や過去についても考えることができるのである。そのために動物は、死においてはじめて死を知るが、人間は、「一刻一刻意識しながら死に近づいていく。このため、生命そのものにこのような不断の破滅の性格があることをはやくも見抜いていない人でさえ、ときとして生きることが気懸かりとなる。人間が哲学と宗教を持っているのは主としてこのためにほかならない」（162）のである。

このようにショーペンハウアーは、現前する世界の直観的な認識については、動物は人間とその精緻さに差があるとは言え、基本的に同一であるが、この世界から自由な理性的な反省によって成立する抽象的な概念的世界の表象は、人間にのみ可能な世界であって、これが人間に知（Wissen）の世界を、したがって真理（Wahrheit）と虚偽が問題になる世界をもたらしたと考えている。

このショーペンハウアーの動物と人間の差異についての見方は、『人間知性論』のロックや、『意志と表象としての世界』では言及されていないが、『人間認識起源論』や『動物論』のコンディヤックの考え方を踏まえたものと言えるであろう。

(b) マックス・シェーラーの動物と対置した人間観

シェーラーの動物と対置した人間観を、彼の晩年の書『宇宙における人間の地位』(8) において見ておきたい。

シェーラーによると、植物には成長や生殖への感情衝迫(Gefühlsdrang)があり、疲労したり、力強かったり、豊満であったり、貧弱であったりといった表情の原現象が見られるが、「瞬間的な器官状態や運動状態が一つの中枢に対しておこなう特殊な還帰的通報を意味するとともに、また、次の瞬間に継起する運動の、この通報による変様可能性を意味する」(20) 感覚や意識を持っていない。それに対し、動物はもっとも単純な滴虫でさえ感覚と意識を持っていると言う。

シェーラーは、ケーラーの類人猿の知恵実験に見られるように、動物には選択行為があり、単なる衝動機械組織でも「本能自動装置でも連合・反射の機械組織でも」なくて、「手近な利益を避けて、回り道してはじめて獲得されうるような時間的にもっと先の大きい利益を達成する」(45) 知能をもっているのであって、この知能は、人間のそれと質的に違いはなく、程度の差しかないと言う。しかし彼は、動物と人間の間には厳然とした違いがあると考える。その差異は、人間が「生」と名づけうるすべてのものの外部に存在しているということにある。その外部とは、精神（Geist）であって、精神は「「理性」という概念をも含んでいるが、「観念的思惟」とならんで一定種類の「直観」、すなわち根源現象や本質内容の直観をも含み、さらには好意、愛、悔恨、畏敬、感嘆、浄福と絶望、自由な決断などの一定部門の意志的・情緒的な諸作用をもまた含む」（47-8）ものであって、「人格」とも呼ぶものでもある。

　動物が環境世界に閉じ込められているのに対して、この精神的存在である人間は、有機的なものから実存の面で解放されており、「もはや衝動や環境世界に緊縛されてはいないのであって、「環境世界から自由（umweltfrei）」であり、……「世界開放的（weltoffen）」である」（48）とシェーラーは言う。動物が忘我的に環境世界に没入しているのに対し、人間は「世界」を有するのであり、世界を対象化することができるのである。

「動物はおのれの有機体的状態に対応する生現実にあまりにも本質的に固着し巻きこまれているので、その現実を「対象的」に把握することができないということである。なるほど動物は、（感覚と表象と意識を欠いた植物における感情衝迫が、その有機体に固有の状態を内部へと知らせる還帰的通報をいっさい伴わずに、おのれの媒質のなかへ没入しているのとは異なり）もはや絶対的に忘我的におのれの環境世界のなかへ自己を没入して生きることはない。動物は感覚系と運動系の分離、およびそのつどの感覚内容の不断の還帰的通報によって、いわば自己自身にひき戻されているし、「身体図式」も所有している。しかしそれでも動物は環境世界に対して依然として忘我的に行動する。動物が「知能的」に行動する場合でもなおかつそうなのであって、動物の知能は、有機的＝衝動的＝実践的な繋縛の域を出ないのである」(51)。

動物は、植物のように環境世界に忘我的に一体化していないとしても、やはり環境と自己との交互関係の中に閉じ込められていて、世界を対象としてもたないのである。それはまた、動物は意識をもつが自己意識はもたないということでもあるとシェーラーは言う。

シェーラーは、デカルトの延長的実体である物体と思惟的実体である精神の二元論に代えて、生と精神の二元論を唱える。デカルトの身体と思惟は、単一の生の並行関係にある二つの側面でしかなく、デカルト二元論がもたらした心身問題などの哲学的問題は解消すると言う。

「心身的な生は単一である。そしてこの統一はあらゆる生命体に対して、したがってまた人間に対しても妥当する事実である。有神論的な霊魂創造説や不死に関する伝統的な学説が試みるように、心的生に関して人間の動物との間に程度の差以上のものを認め、人間の身体霊魂に特殊な由来と将来的な運命を帰する考え方には、少しの根拠もない」(93)。

「存在上の対立をなすものは、人間における身体と霊魂、物体と霊魂、脳と霊魂ではない。何百年ものあいだ人々を散々に苦労させた身体と霊魂の問題がわれわれにとってその形而上学上の地位を失ったと、今日では言うことができるであろう。われわれが人間において見いだし、主観的にもそれとして体験するところの対立は、もっとはるかに高くかつ深遠な次元のものである。すなわち、精神と生との対立である」(95)。

こうしてシェーラーは、身体と物体の二元論の孕む哲学的問題を払拭するが、新たに生と精神というもっと問題を孕んだ形而上学的な次元へと押し入ろうとする。身体と霊魂の対立を超えて、一切を対象化するとともに自らは対象とはならない精神の領域、空間とともに時間をも超えた精神の領域を呼び出すのである。

シェーラーは、自然の生を超えた世界に身を置く精神的存在である人間は、もはや世界の中に居場所はなく、「いったい私自身はどこに立っているのか？　いったい私の立場は何であるか？」と問わざるをえず、さらに「何ゆえにそもそも世界というものが存在し、何ゆえにまたほかならぬこの私が存在するのか？」(103) という問いに晒されるのである。この問いは、ハイデガーの問いでもある。

（c）ハイデガーの石と動物と人間の差異

ハイデガーは、『形而上学の根本諸概念　世界―有限性―孤独』(9)のなかで、無機物である石と動物、そして人間の存在様式についての現象学的な差異を論じている。これは、一九二七年の『存在と時間』出版の後の一九二九年から三〇年にかけてのフライブルク大学での講義である。

ハイデガーは、この書でシェーラーについて、「人間学というものの連関において、物質的な有るもの、生、精神という三段階を統一的に取り扱おうと試みた。その際彼が立っていた基盤は、人間とは、物的な有、動植物の有、特有の精神的な有という、有るもののすべての段階を自分自身の内で統一しているような、そのようなもの（Wesen）だという一つの確信である。私はこのテーゼはシェーラーの立場の根本誤謬の一つであって、……とはいえ、多くの観点において本質的であり、従来のすべてのものを凌駕している」（313）と批判とともに讃辞を送っている。両者の立場がどのように交錯しているのか、その詳細をここで論じることはできないが、ハイデガーがシェーラーと同じ問題意識を共有していることが窺える。

ハイデガーは、「石は無世界的（weltlos）である」「動物は世界貧乏的（weltarm）である」「人間は世界形成的（weltbildend）である」という三つのテーゼを立てて、その差異を論じる。

まずハイデガーにおいて「世界（Welt）」とはなんであるかを明らかにしておく必要がある。動物とその環境世界についての、同時代のユクスキュルの仕事から多くを学んでいるハイデガーは、世界を接近通路可能性（Zugänglichkeit）と規定する。石は、他のものへの接近通路をもたない。無接近通路性（Zugangslosigkeit）が石に属している。だから石は世界をもたない。それに対し、動物は世界をもつが、その世界の持ち方は、人間の持ち方とは異なる。例えばミミズはモグラから逃げ、モグラはミミズを追いかけ捕まえたりするが、ハイデガーによると、これらの動物は、振る舞う（Benehmen）ことではあっても、人間のように態度をとる（Verhalten）ことはできない。「動物は、その本質上とらわれ（benommen）ているかぎりにおいてのみ、振舞う（sich-benehmen）ことができるのである。（中略）とらわれは、動物がその本質上或る環境の中で振舞うが、しかし決して一つの世界の内においてではない、ということのための可能性の条件なのである」（379）。これは、ユクスキュルのいう動物たちの閉じられた「環世界」（Umwelt）の見方に立った動物観である。

ハイデガーは、動物と人間の決定的な違いとして、「そもそも動物が或るものを或るものとして（*als*）、或るものを有るものとして会得して受けとる（vernehmen）」ことができず、それによって「動物は一つの深淵によって人間からは引き離されていることになる」（416）

と言う。人間はあるものを「あるものとして」経験し受けとるが、動物はそれができないのであり、それゆえに動物は、世界をもつとしてもその世界は閉ざされているのである。「世界の本質に、有るものとしての有るものの接近通路可能性が属しているとすれば、動物は有るものの開顕性（Offenbarkeit）の可能性のとりあげられ（Genommenheit）という意味においてとらわれ（Benommenheit）のゆえに、本質上いかなる世界をももちえないことになる」（423）。

それに対し、「人間は世界形成的である」というテーゼについて、ハイデガーは次のようにコメントしている。「人間の内なる現有が世界を形成する、（*bilden*）とは（1）それが世界を作り出す（herstellen）、（2）それが世界についての一つの像（Bild）を、一つの眺望（Anblick）を与える、それが世界を提示（darstellen）する、（3）それが世界を構成（ausmachen）する、それは囲み縁どりするもの（Einfassende）であり、包みこむもの（Umfangende）である、という三つのことを意味する」（450）。

（d）デリダの動物論

このようなハイデガーの動物論に対して、デリダは真っ向から批判する。デリダは、『精神について—ハイデガーと問い—』において、ハイデガーが依然として人間中心主義的な目的論にとらわれていると見ている。[10]

デリダは、『動物を追う、ゆえに私は（動物で）ある』[11]のなかで、これまでの哲学者はすべて動物について、実に変わることのない図式を繰り返してきたと批判する。

「動物についての大きな標準的な諸言説の歴史においては、結局のところ同一である常識的な諸言説と同様、哲学的なタイプの諸言説の歴史（アリストテレスからデカルトまで、カントからヘーゲル、ハイデガーまで、あるいはレヴィナス、あるいはラカンまでの）においては、「人間」に対置された「動物」の大きなカテゴリーのもとにあらゆる種類の動物が——有性動物と無性動物の間、哺乳動物と非哺乳動物の間の差異を考慮することなく、諸動物の無限の多様性、とりわけ、霊長類学と動物行動学の知見においてなされた大きな進歩によって得られた霊長類や類人猿の多様性を考慮することなく——混ぜ込まれるだけではなく、この大きな混同に加えて、動物が裸の私を見ることができるかどうか、とりわけ、裸の自分を見ることができるかどうかと問うことは決してないのである。なぜならそこには、動物の振る舞いについての実証的と言われる諸科学（この諸科学は、さまざまな場で、それなりのやり方で、動物の振る舞いを探求し始めて来た）にとっても、また哲学的思惟にとっても大きな問題領域があるからである。これまで哲学的思惟は、一度もその問題領域に触れなかったと私は考える」(87、一一四)。

これまでの哲学者はすべて動物の多様性を区別することなく、言葉の不使用という点で動物を一括して倫理的配慮の境界線の外に追いやってきたが、デリダはこのロゴス中心主義の批判を当初から一貫して追及してきた。デリダは、「パロール、シーニュ、シニフィアンといった概念の痕跡、印しの概念への置き換えは、もともと意図して人間中心主義の境界線、人間的な言説と言葉に限られた言語の境界を超えることが目指されていた。印し、グラム、痕跡、差延(différance)は、すべての生き物に、生き物の無生物へのあらゆる関係に様々な仕方で関係する」(144、一九二)と述べて、人間と動物の対立を超えて、「人間(ロゴス)をいわば原動物(原エクリチュール)へと包摂[12]」しようとするのである。

デリダは、ベンサムによる動物の苦しみへの倫理的配慮の主張についても、ロゴセントリスム批判からも重要な視点であると見ている。もはや言葉、理性を持っているかどうかではなく、苦しむことができるかどうかが問題であり、しかも「苦しむこと」は、能動ではなく受動性であるから、この「できる」は、「できないことができる」ということ、「不可能性の可能性」ということになるとデリダは言い、ここには、「われわれが動物たちと共有している有限性を考えるもっとも根本的な仕方として、生命の有限性そのものに属する可死性、共苦の経験、この不可能性の可能性を共有する可能性に属する可死性が宿っている」（49、五九）のである。しかもこの「動物は苦しむことができるか？」という問いは、コギトの疑いえない（indubitable）ことにではなく、否定出来ない（indéniable）ことに係わっている。動物が苦しむことは否定できないのである。

デリダは、ルディネスコとの対談『来るべき世界のために』のなかで、「『グラマトロジーについて』からしてすでに、痕跡の新しい概念の練り上げは、生けるものの領野全体へと、あるいはもっと正確には、生死関係の領野全体へと拡張されなければなりませんでしたし、「発生された」（ないしは通常の意味での「書かれた」）言語に関する人間学的な諸々の境界を越えて、すなわち、〈人間〉と〈動物〉の間の単一的で対立的な境界をいつも当てにしている音声中心主義あるいはロゴス中心主義を越えて、拡張されなければなりませんでした。当時、私は「エクリチュール」や痕跡や書かれたもの《グラム》や書記素《グラフェーム》という概念」は「人間／非人間」の対立を超過することを強調していました(13)」と言って、デリダが当初から人間を動物と対置するのではなく、生けるものの領野全体を視野において存在論、倫理学を考えていたと述べている。

そして、屠畜や動物食、動物実験などの動物たちへのジェノサイド的な暴力について、その漸進的な改善を進めていく必要性を表明している。肉食についても、次のように語っている。「確かに、肉を食べること——あるいは、先ほど示唆しておいたように、何らか肉的なものの等価代替物を食べること——は絶対にやめられないでしょう。ですが、質的な条件、量や量の試算、また食料業分野の全般的組織などを変えてゆくことは可能かもしれません。来るべき何世紀にもわたる規模で、動物性に関する私たちの経験やほかの動物たちとの社会的絆において真の変異が起こると信じています」[14]。

デリダの哲学は、これまでの人間中心主義的な哲学を脱構築し、新たな哲学を提示しようとする試みであるが、このデリダの哲学の方向が、求められる新しい哲学の方向であるかどうか、十分に検討に値すると思われる。

3. 今後の見通し

本章の冒頭において、私は「人間中心主義の環境倫理学」においては、従来の倫理的枠組みを変える必要はなく、したがってそれを基礎づける環境哲学においても、近代の人間-自然関係を基本的に変える必要はないが、「生命（自然）中心主義の環境倫理学」をとる場合には、近代の哲学の枠組みを超える環境哲学の構築が必要であると改めて確認した。そして、この方向での環境哲学の構築のための第一歩として、動物の存在についての哲学的な捉え方の変更の可能性について、その探索を試みたのである。

動物は、人間中心主義の再検討のもっとも手始めの存在であるが、その最初の試みにおいても、大きな哲学的課題が存在していることを改めて思い知らされたと言っていいであろう。人間と動物は、ともに共通の倫理的共同体に属する存在として、この地球上にともに生活していく世界が来るように、さらに人間論、動物論を彫琢していく必要を感じて、本章を閉じたい。

注

（1）尾関周二編『環境哲学の探究』大月書店、一九九六年、六〇～六一頁。

（2）リュック・フェリー『エコロジーの新秩序―樹木・動物・人間―』加藤宏幸訳、法政大学出版局、一九九四年、二九頁。

（3）ダーウィン『人間の起源』池田次郎・伊谷純一郎訳、今西錦司責任編集『ダーウィン』中央公論社「世界の名著」、一九九二年、一二八頁。

（4）マックス・ホルクハイマー／テオドール・W・アドルノ『啓蒙の弁証法』徳永恂訳、岩波書店、一九九〇年、三九〇頁。
（5）エリザベート・ド・フォントネ『動物たちの沈黙』石田和男・木幡谷友二・早川文敏訳、彩流社、二〇〇八年。
（6）プラトン『ティマイオス』種山恭子訳、プラトン全集12、岩波書店、一九七五年、91A～92E。
（7）ショーペンハウアー『意志と表象としての世界』西尾幹二訳、中央公論社「世界の名著」、一九七五年、一四〇頁。以下、本書からの引用は本文中にページ数のみを記す。
（8）マックス・シェーラー『宇宙における人間の地位』亀井裕・山本達訳、シューラー著作集13、白水社、一九七七年。以下、本書からの引用は本文中にページ数のみを記す。
（9）『形而上学の根本諸概念　世界―有限性―孤独』川原栄峰／セヴェリン・ミュラー訳、ハイデガー全集第29・30巻、創文社、一九九八年。以下、本書からの引用は本文中にページ数のみを記す。
（10）ジャック・デリダ『精神について―ハイデガーと問い―』港道隆訳、人文書院、一九九〇年、七九、八八頁。
（11）Jacques Derrida, *L'animal que donc je suis*, Galilée, 2006. ジャック・デリダ『動物を追う、ゆえに私は（動物で）ある』鵜飼哲訳、筑摩書房、二〇一四年。本稿での和訳は筆者のものである。以下、本書からの引用は本文中に原著はアラビア数字で、翻訳は漢数字で記す。
（12）高橋哲哉『デリダ―脱構築―』講談社、二〇〇三年、一四八頁。
（13）J・デリダ＆E・ルディネスコ『来るべき世界のために』藤本一勇・金澤忠信訳、岩波書店、二〇〇三年、九二頁。
（14）同前、一〇四頁。

第5章　人間論の革新とデカルト
——尾関周二氏による機械論的自然観批判と関わって

尾関氏の研究は、初期の「言語・コミュニケーション」と「労働」から、「遊び」、「情報」、「環境」と幅広く展開されてきたが、それら個々のトピックが、内的に相互につながり合い広い意味での人間論として展開されている点に理論的特徴がある。近著『環境思想と人間学の革新』の表題にもあるように「人間学の革新」がメインテーマとなっているのである。

この人間学革新の最初の批判のターゲットとなっているのが、デカルトの人間論である。デカルトの人間論は、近世初頭にそれまでの人間理解、自然理解を革新する人間論として展開されたが、この人間論が批判され、今、新たに革新される必要があるというのである。その革新の方向について、おおいに肯くことのできるものであり、魅力的なものであるが、その一方で、私自身、デカルトの研究から出発した者として、その批判を正面から受け止める必要があり、同時にできることならデカルトのために弁明をしてみたい気持ちもある。その意味で、この小論を書く機会を得たことを喜びたい。

1．デカルト人間論がもたらした深刻な問題

尾関氏は、デカルトが純粋な精神としての〈考える我〉と物質的な自然の二元論を展開し、機械論的自然観、機械論的身体観を主張したことにより、「人間と自然の分裂」、「心と身体の分裂」をもたらしたし、その孤立したコギトは他者との分裂、「人間と人間の分裂」をもたらしたと批判する。

以下は、『環境思想と人間学の革新』「序論」の一節である。

周知のようにデカルトは、一方で、「我思う、ゆえに我あり」という有名な言葉で、〈考える我〉の絶対的確実性を強調するとともに、他方では、自然の本質を〈延長〉、自然を〈機械〉として、要素還元的な機械論的自然観を主張した。これによって、前者は、確かに「個人の尊厳」につながる個人尊重の思想を打ち立て、後者は「科学的精神」につながる「近代科学」を離陸させたといえる。これらは、文字通り「啓蒙の光」と呼べる面であるが、他方では、人間をめぐる哲学的難問（アポリア）を引き起こした。まさ

にヘーゲルが〈近代〉を「分裂の時代」と呼んだように、この難問は理論的な哲学的問題にとどまらず近代社会の特質をも反映するものであり、現代に至って露呈したような深刻な社会的問題性をも生み出すものであった。

大きくそれは、デカルト哲学から帰結する以下の三点において見られよう。

第一は、人間と自然の分裂である。人間と自然はその本質をまったく異にする実体とされ、〈精神〉と〈機械〉として対置されることによって、人間と自然の連続的な一体感が打ち破られたのである。

第二は、一人の人間自身における分裂つまり、心と身体の分裂である。動物が〈自動機械〉とされたように、身体もまたその種の〈機械〉にほかならないのである。しかし、これは、日常的な現実と合致しない主張であるため、デカルト自身は理論と実践の区別でこれを回避したといえるが、この〈分裂〉は　現代の臓器移植や安楽死の問題をはじめ大きな影響を与えているのである。

第三は、人間と人間の分裂である。これは、〈考える私（コギト）〉の確実性は内面的なものであり、私の外にいる他者がロボットでなく本当に〈考える存在者〉であるか否かは、外的観察からはわからないからである。これは「他者問題」と呼ばれる哲学的アポリアであるが、これは、現代社会における個々人の〈孤立化〉の問題とふれあう問題なのである。そしてまた、「個と共同体」という社会哲学的な問題と深く連関するものなのである。(『環境思想と人間学の革新』一〇〜一一頁)

このようにデカルト哲学が三つの分裂をもたらすとともに、尾関氏はさらに、キャロリン・マーチャントが言うように、機械論的自然観は、「自然の死」をもたらすことによって、自然は人間による支配の対象、人間による搾取・収奪の対象となり、資本主義経済システムという自由な競争社会を加速させ続けることによって、未曾有の地球環境破壊をもたらすことになったと見る。

マーチャントは、近代科学革命を通じて、自然が機械論的にアトミスティックに理解されていくことによって〈自然の死〉がもたらされるのと裏腹に、人工的な経済システムである貨幣、資本があたかも生物的な属性をもつように見なされていくことを指摘している。(中略)マーチャントによれば、近代科学による自然の機械論的理解と資本主義的な市場経済の生成とは表裏一体であり、機械論哲学は資本主義のイデオロギーなのである。(『環境と情報の人間学』三九頁)

マーチャントは、その著『自然の死』において、コペルニクスからガリレイ、デカルト、ニュートンにいたる一五世紀から一七世紀の科学革命によって、古代からルネサンス期まで続いていた、宇宙を生きている有機体として見るアニミズム的な自然観が否定され、それに代わって内的な活力を持たない死んだ自然観、機械論的自然観が主流になることによって、自然は、外的に操作可能な対象になり、これが資本主義の経済発展と結びついたと次のように指摘する。

宇宙についてのアニミズム的で有機体的な見方をとりのぞいたことが、自然を死にいたらしめた。そしてこれこそが、科学革命のもっとも重大な結果であった。自然は、今や、内在力にではなく、むしろ外部からの力によって動かされる、死んだ自動力のない粒子からなるひとつのシステムと見なされるようになったのであるから、機械論的な枠組みそのものが、自然の操作を正当化しえるのである。そのうえ、ひとつの概念的な枠組みとしての機械論的秩序は、力に立脚した価値の枠組みと結びつくにいたったが、それは商業資本主義がとった方向と、全面的に一致するものであった。（『自然の死』三六〇頁）

そしてマーチャントは、この機械論哲学が「今日でも産業中心の資本主義を正統化するイデオロギーであり、また自然を支配する産業中心の資本主義固有の倫理でありつづけている」（『ラディカル・エコロジー』八二頁）と見ている。デカルトの精神と物体の二元論は、人間の自然支配を導き、自然を人間にとっての道具的価値、手段的価値をもつ資源として見る人間中心主義的な倫理を導き続けていると断罪するのである。

2. 機械論的自然観の射程

マーチャントが機械論的自然観をこのように断罪するのは、この機械論的自然観が今なお現代人によっても一般に妥当なものと認められ続けていると見ているからである。

私たちが今日住んでいる世界は、アイザック・ニュートンによって遺贈されたものである。相対性理論と量子論における二十世紀の進歩にもかかわらず、我々西洋の常識が信じている実在は、古典物理学の世界なのである。ニュートンの残した遺産は、ガリレオの地上の力学とコペルニクス－ケプラーの天文学との見事な総合であった。それは原理を一般的に記述し、そしてそれを全宇宙に押し広げる。古典物理学とその哲学が、私たちの意識を構成して一つの世界を信じさせる。その世界は原子的部分から、また他の物体により強制的にその直線的な軌道から逸らされないかぎり一様な速度で運動する不活性な〔慣性的な〕物体から、あるいは様々な周波数の光の反射によって見られる対象から、そして私たちが人間として大切に思う色、音、におい、味、そして触感における豊かな変化の一切の原因である運動する物質から成り立っている。日常生活において私たちの多くは、こうした教えを当然の事実として、その起源やそれと結びついた価値観についての批判的反省をほとんど行うことなしに受け入れている。（『ラディカル・エコロジー』七七頁。また『自然の死』五〇八頁にも同様の記述がある）

確かに私たちは、ルネサンスの人々のようにマクロコスモスとしての宇宙とミクロコスモスとしての人体とのあいだに交信する有機的な関係を認めることはないし、占星術や魔術や錬金術をまじめに信じることはない。太陽が地球の周りを廻っているとは考えず、地球が太陽の周りを廻っているし、相対性理論や量子力学によってニュートン力学の普遍性が否定されたにもかかわらず、今なお古典物理学の世界を信じているし、感覚知覚の世界は、身体器官への外的刺激による作用によって生じることを理解している。

さらにマーチャントは、今日の理論物理学は、なお機械論的アプローチを継続し続けていると見る。

自然に対する機械的アプローチは、古典的なニュートンの科学にとってと同様に二十世紀の物理学にとっても基本的なものである。二十世紀の物理学は依然として世界を、基本粒子——電子、陽子、中性子、中間子、ミューオン（ミュー粒子）、パイオン（パイ中間子）、タウ粒子、ゼータ粒子、シグマ粒子、プサイ粒子等々によって眺める。究極的な統一を与える粒子、クウォークの探求は最も優れた理論物理学者たちの努力を引き付け続けている。（『ラディカル・エコロジー』八〇頁）

今日においても、機械論的自然観から抜け出せないでいるというのが、マーチャントの見立てである。

しかし、理論物理学の現在の研究方向を機械論といって切り捨てるこのマーチャントの科学観は、反科学主義と言われても仕方がないであろう。この点は、尾関氏もマーチャントを批判する点でもある。尾関氏は、マーチャントの『自然の死』を、「科学革命」の通説的な理解と異なり、「自然のメタファーが、〈有機体〉から〈機械〉に変化するにつれて、自然への支配・搾取が強まり、それはまた、家父長的な女性支配・抑圧と対応していることを明らかにしようとしている」（『環境思想と人間学の革新』五九頁）点で、注目すべき研究であるとするが、デカルトやニュートンなど科学革命の推進者を全否定し、有機体論的・目的論的原理による自然観や宇宙論の復活を求め、「生きた自然」を求めるあまり生気論や物活論的な生命観を評価する点について、科学的思考方法に目を閉ざすものとして、厳しく批判している。そして、機械論の克服は、物活論に頼るのではなく、目的概念を「機械論的自然観のまさに科学的な批判的克服を通じて再生させる」方向で追究されるべきものであり、その方向に今西錦司や中村桂子などの研究を位置づけている。

ところで、尾関氏は、今日においても機械論の呪縛はなお止まず、むしろ強まっていると見ている。それは、生命をＤＮＡ機械、心を情報機械、人間を情報処理体と見る機械論的自然観・人間観が支配的になっているからである。尾関氏は、身体だけではなく心も機械であるというこのような情報機械論の批判とその克服については、心を実体化し心の神秘化に導くシェーラーやエックルスの方向ではなく、心の持つ自由、主体性、創造性を「生活世界における記号的なコミュニケーションによって普段に活性化される人間相互の身体を伴う社会的相互作用、さらには言語・シンボル的世界に裏打ちされた社会的交通世界において」（『環境思想と人間学の革新』一〇四頁）創発されたものと捉えようとする。そして、脳は、身体から切り離された脳においてではなく、脳科学者ダマシオの言うように、脳以外の身体器官と相互関係をもつことによって機能するし、また知覚の根拠は、身体から切り離された脳の記号処理、情報処理にではなく、ギブソンのアフォーダンス理論の説くように、身体を取りまく生態学的環境、したがって他者と共有しうる「見え」にあると捉える。

この人間理解は、デカルトの心と身体の二元的人間論の批判・革新になっており、私自身も納得させられるところである。そのことを確認したうえで、この小論の最初にもどって、デカルトの精神と物体（身体）の二元論がもたらしたとされる三つの分裂、「人間と自然の分裂」「心と身体の分裂」「人間と人間の分裂」について、デカルト自身に即して考察したい。

3．「心と身体の分裂」

まず「心と身体の分裂」から始めたい。デカルトは、精神と物体は、それぞれまったく異なった実体であるという。なぜなら思惟する精神は、形や大きさ、運動（物体の様態）が前提する広がり＝延長（物体の属性）とは無関係であり、反対に、広がり＝延長をもつ物体は、想像や感覚、情念、意志（精神の様態）といった精神的な意識活動はせず、思惟（精神の属性）とは無関係であるからである。つまり、精神は大きさや形を持たないし、物体は感覚や知性、意志など、意識を持たないのである。アニミズムの完全な否定である。

デカルトは精神が脳に宿っているとは言うが、脳もまた物体であって、脳をいかに精査してもそこには物体の形や大きさ、運動などの構造があるだけで意識を見出すことはできず、したがって心の働きが存在するためには、物体とは異なった実体である思惟する精神が存在していなければならない、人間が意識をもった存在であるなら、物体である身体とともにそれとは別の実体である精神の複合から成り立っていると考えざるをえないと言うのである。

もちろん、デカルトの時代にも、そして今日においてはさらに、精神活動、意識活動は、脳を中核とする身体の創発的な活動であるとする見方があり、精神を人間身体から独立の実体と見るのは、デカルト的二元論を採るエックルスなど少数の論者に限られている。

しかしともかく、デカルトの人間は、心と身体の二つのまったく別個の実体からなり、その意味で尾関氏の指摘するように分裂した人間論になる。ただ、デカルトは、この心と身体は分裂しているのではなく合一していると著作の至るところで述べている。たとえば、次のように。

自然はまた、それら痛み、飢え、渇き等々の感覚によって、私が自分の身体に、水夫が舟に乗っているようなぐあいに、ただ宿っているだけなのではなく、さらに私がこの身体ときわめて密接に結ばれ、いわば混合しており、かくて身体とある一体を成していることをも教えるのである。なぜなら、もしこうなっていないとするならば、思惟するものにほかならない私は、身体が傷ついたときでも、そのために苦痛を感ずることはなく、ちょうど舟のどこかがこわれた場合に水夫が視覚によってこれを知覚するように、純粋悟性（purus intellectus）によってその傷を知覚するだけであろうし、また身体が食べ物や飲み物を必要とするときでも、私はこのことをはっきり理解するだけであって、飢えとか渇きとかの混乱した感覚をもつことはないであろうからである。というのも、これら飢え、渇き、痛み、等々の感覚は、精神と身体が合一し、いわば混合（permixtio）していることから起こるところの、ある混乱した意識様態にほかならないからである。

（『省察』二九九頁）

ここで「私」というのは、純粋悟性としての精神であるが、この精神が身体と一体をなし合一混合することによって痛みや飢え、乾きなどの意識様態をもつことになると述べている。つまり、精神が身体全体と合一しているのは、人間が感覚や情念を持っていることからわかると言うのである。

ただ、痛みや飢え、乾き、そして色や音や味、匂い、堅さや柔らかさといった触覚的性質の感覚が、精神と身体との合一によって生じているといっても、この場合でもデカルトにおいては、人間に精神がなければこのような感覚、意識は生じることはない。したがって、精神を持たない動物は、これら感覚的な知覚も持つことはなく、単なる機械、自動機械

(automate) とされるのである。人間の身体も、機械に違いないが、人間には精神があるので、さまざまな感覚や情念を持つことができるというのである。デカルトは、アリストテレス＝スコラの実体形相を否定するが、人間精神においてのみこの実体形相を認め、精神が身体と実体的に合一していると見ているのである。

　したがって心と身体が分裂していると言われるのは、純粋悟性を働かせているときだけである。このときには純粋悟性としての心は、身体と一体になることはなく、水夫が舟に宿るように、身体を制御、コントロールすることになる。身体は、私の身体であっても制御の対象になる。実際、私たちが腕を上げたり、足を伸ばしたりする身体運動は、心による身体のコントロールによるのである。

　また、理論的考察、自然の探求においては、心と身体とは分裂している。この場合は、身体抜きで行われるからである。身体が関わる感覚は、人間の身体の保存のための情報を与えてくれるが、外的な事物の認識には役立たないのである。たとえば、われわれは太陽の二つの観念を持っているが、真なる観念は、感覚によって知られる太陽ではなく、純粋な理論的知性によって知られる太陽の観念であるからである。

　私は太陽について二つの異なった観念を自分のうちに見いだす。一方の観念は、いわば感覚からくみとられたもので、これはとりわけ、私が外来のものとみなす観念のうちに数えられるべきものである。そして、これによれば、太陽は、私にきわめて小さく見える。ところが他方の観念は、天文学上の推理からとってこられたもの、すなわち、何らか私に生得の概念からひきだされたものであるか、あるいは、何かほかのしかたで私によってつくりだされたものである。いずれにしても、これによれば、太陽は地球よりも何倍も大きいものとして示される。しかし、これら二つの観念のいずれもが、私の外にある同一の太陽に似ているなどということはもとよりありえない。そして理性は、太陽そのものから最も直接にでてきたと思われる観念が最も太陽に似ていない、ということを私に確信させるのである。（『省察』二六〇頁）

ここには、私と自然の分裂、人間と自然の分裂がある。尾関氏が指摘しているように、デカルトによって「人間と自然の連続的な一体感が打ち破られた」のである。

4．「人間と自然の分裂」あるいは「二つの自然の分裂」

しかし、「人間と自然の連続的な一体感が打ち破られた」というのは、この例からも解るように、人間と自然の分裂というよりも、二つの自然の分裂、感覚によって捉えられる自然と理性によって認識される自然との分裂である。デカルト以後、自然は感覚によって捉えられた自然ではなく、理性によって捉えられた自然が真の実在的自然と捉えられたのである。「自然的な態度」に対する認識論的な断絶と言えるものである。

私たちは、感覚によって身体とともに周りの外的な世界を認識する。感覚によって捉えられる世界は、色や音や匂いや味や触覚的な肌触りに満ちているし、部屋の中から外の景色、さらに遠くの山々や空の雲、そして夜ともなれば空には瞬く星が見える。しかし、これらの感覚によって知覚された世界は、知覚されるかぎりで事物を区別し、「事物の存在」を知ることはできるが、「事物の本質」を知ることはできないとデカルトは言うのである。

「感覚の知覚というものは、本来、精神をその一部分とする合成体にとって何がつごうが悪いものであるかを、精神に示すためにのみ自然によって与えられているのであって、そのかぎりでは十分に明晰で判明であるが、私はこの感覚の知覚を、あたかも、われわれの外にある物体の本質がなんであるかを直接に認識するための確実な規則である」（『省察』三〇一頁）かのように用いるのは、間違っているのである。遠くの星は微かであって、松明の火ほども私たちの目を刺激しないとしても、だからといって松明よりも小さいとはいえない。火は近づくと私たちに熱や痛みを感じさせるが、火のなかに熱や苦痛に似たものがあると考えたりしてはならず、火の中には「何かわれわれのうちに熱あるいは苦痛の感覚を生み出すものがある」（同前）と考えるべきであり、「多種多様な色、音、香り、味、熱、堅さ、その他を感覚することから、私は、これらさまざまな感覚がやってくるもとの物体のうちには」、そのような多様な感覚的性質が存在していると結論してならず、ただ、「これらの知覚に似てはいないにしても、対応はしている、ある多様性が存する、と正しく結論する」（同前、二九九頁）必要がある。感覚的な知覚内容は物体の中には存在せず、ただその多様性に対応した物理的な多様性があるのである。

このように感覚的な知覚によって捉えられた自然は、自然自体の認識をもたらさないが、しかし、精神が自然と結びついている証拠である。人間と自然が結びついているから、感覚的な自然が存在するのである。この合一があるから、人間には感覚や情念をもつことができるのである。人間は自然と分裂しているのではなく、自然と合一している。この合一した自然は、私たちの身体的生命の健康や病気、死に関わる。感覚は、私たちの身体的生命の保全を目的としているのである。しかし、この感覚は、物体の本質の認識をもたらさない。二つの自然の分裂である。

「第六省察」においてデカルトは、「自然」とは「神によって定められた、被造物相互の秩序（coordinatio）」（同前、二九八頁）であり、「私の自然（natura mea）」とは「神によって私に賦与されたすべてのものの複合体（complexio）」（同前）であるとして、次の三つをあげている。①「精神のみに属することがら」、②「物体だけにかかわることがら」、③「精神と身体との合成体（composito）としての私」（同前、三〇〇頁）にかかわることがらである。このうち前二者は、「自然の光」すなわち純粋な理性によって知られるが、第三の「精神と身体の合成体」は、感覚によって知られると言う。

この精神と身体の合成体としての自然は、「苦痛の感覚をもたらすものを避け、快感の感覚をもたらすものを求めることなどを教えはするが、しかし、この自然がなおそのうえに、われわれに、これらの感覚知覚からわれわれの外にある事物について、悟性の吟味をまたずに、何かを結論してよい、とまで教えることはないはずである。なぜなら、それらの事物について真実を知ることは、ただ精神のみに属することであって、合成体には属していない」（同前）からである。

精神と身体の合成体としての私に与えられた自然とは、感覚によって知覚される豊かな現象世界である。デカルトはその自然は、外的事物の真実を示すものではないが、身体的存在としての人間の生命活動にかかわる自然であり、身体と一体となった私が生きている世界であることを積極的に認める。自然とはなによりも生物学的な存在としてのわれわれ人間にとっての自然であり、その自然は、人間の生命活動にとって適合するか否かで、正常であったり異常であったりするし、その自然を環境とする身体そのものも健康であったり病気であったりする。この身体と一体となった私がかかわる自然は、生命的な自然、目的論的な自然である。この目的論的自然は、感覚で捉えられる日常的な自然であり、エコロジカルな自然である。

しかしもう一方でデカルトは、この感覚で捉えられる目的論的自然の下に、正常・異常の区別を認めない自然、機械論的自然の存在を見いだした。これが近代科学の自然である。「車と分銅とでつくられている時計は、たとえできそこなっていて時を正しく告げない場合でも、あらゆる点で制作者の望みをみたしている場合に劣らず厳密に、自然の全法則に従っている」ように、「人間の身体に関しても、それを私が、骨や神経や筋肉や血管や血液や皮膚からできている一種の機械」と考えるならば、「この身体にとっては、たとえば水腫病にかかっているときに、咽喉の渇きに苦しみ、これは精神に渇きの感覚をもたらすのが普通であるから、さらにこの渇きによって咽喉の神経やその他の部分が促されて、飲み物をとるようになり、このために病気が重くなるということは、なんらその欠点がないときに、それに似た咽喉の渇きによって、自分に有益な飲み物をとるように動かされるのと等しく自然なこと」（同前、三〇二頁）なのである。この機械的な自然は、決して傷つくことはない。それに対して、生命的な自然、エコロジカルな自然は傷つきやすい。自然は傷つきやすい。しかし、この傷つきやすい自然の下には決して傷つかない機械的自然がある。

二〇一一年三月、私たちは、未曾有の大地震に襲われ、大津波を経験し、多くの人命が失われ、家屋や生活基盤が失われた。エコロジカルな自然は大きく傷つけられた。しかし、この地震や津波もまた、自然のメカニズムによって起こったのである。いかなる地震や津波も狂った自然ではなく、自然の法則に基づいて生じたのである。その自然のメカニズムが、人間の生活にとって致命的な被害をもたらしたのである。エコロジカルな自然を守るためには、この致命的な被害をもたらした自然のメカニズムを認識し、それに対処するしかない。それは、この地震による原子力発電所の事故への対処についても同様である。

5. 「人間と人間の分裂」

デカルトがもたらした第三の分裂は、「人間と人間の分裂」である。これは、尾関氏の言うように、〈考える私（コギト）〉の確実性は内面的なものであり、私の外にいる他者がロボットでなく本当に〈考える存在者〉であるか否かは、外的観察からはわからないからで、「他者問題」と呼ばれる哲学的アポリアをデカルトは引き起こしたと言われる。また、これが、現代社会における個々人の〈孤立化〉の問題と関係していると見られる。

確かに、尾関氏のいう場面は、「第二省察」の一節にある。そこには次のように述べられている。

たまたま私はいま、通りを行く人々を窓ごしにながめる。そして、蜜蝋の場合と同じく習慣によって、人間そのものを見るという。しかし私が見るのは、帽子と衣服だけではないか、その下には自動機械（automata）が隠れているかもしれないではないか。けれども私は、それは人間である、と判断している。同じように私は、眼で見るのだと思っていたものをも、私の精神のうちにある判断の能力のみによって理解しているわけなの

である。（『省察』二五二頁）

ここでは、デカルトは、窓の外を行く人について、帽子とマントしか見えないのに、それを「人間である」と捉えるのは、眼を通しての感覚ではなく、精神の洞察（mentis inspectio）によると言っており、認識するには、感覚ではなく精神の判断力に基づいていると述べているのである。

デカルトは自動機械、ロボットと人間の違いの見分け方について、『方法序説』第五部の末尾近くで明確に示している。それは動物がロボットと異ならないという動物機械論を展開しているよく知られた箇所である。

「われわれの身体とよく似ておりかつ事実上可能なかぎりわれわれの行動をまねるような機械があるとしても、だからといってそれが本当の人間なのではない、ということを認めるための、きわめて確かな二つの手段を、われわれはやはりもつであろう」（『方法序説』二〇六頁）とデカルトは言う。それは、あらゆる状況に応じて適切な言語活動と行動を行えるかどうかにあるのである。人間であれば、すべての人が、適切に言葉を使用し、行動するのである。

ただ、もちろん、他者の心を直接知ることはできない。あくまで外的な言語活動や行動を通してでしかない。しかも、デカルトにおいては、自我の形成において他者がいかにかかわるかについての問題意識はない。他者とのコミュニケーション的な関係において自己が形成されるという問題意識はない。この点は、デカルト哲学の限界である。ただそれでも、他者との共同性は、前提されている。

他者との共同のなかでどのように生きるべきであるとデカルトが考えたか、それが次の文章に明確に、しかもデカルトの哲学体系の不可欠の一部をなすものとして読みとることができる。

神の善意とわれわれの精神の不滅と宇宙の大とを知ったのち、それの認識が私にはきわめて有益と思われる真理が、まだもう一つあります。すなわち、なるほどわれわれの一人一人は他の人と分かたれた個人であり、したがって、われわれの利害は世界の他の人々の利害とはある意味で別ではありますが、しかし、ひとはただ一人では生存できず、実は宇宙の一つの部分であり、さらに立ち入っていえば、この地球の一部分であり、この国の、この社会の、この家族の一部分であり、ひとはそれに、居住により、誓約により、誕生によって結合されている、ということであります。そしてひとはつねに、自らがその一部分である全体の利害を、個人として自己の利害よりも、重んじなければなりません。ただし、節度と慎慮とをもって。といいますのは、自分の親族または自分の国のためにたんに小さな善を獲得するために、自己を大きな悪にさらすことは、まちがっているでしょうし、また、一人の人間が、彼だけで彼の町の他の人々よりも価値がある場合には、町を救うために自らを滅ぼすことは、当を得ぬことでしょうから。しかしながら、すべてのことを自己中心的にするならば、自分が何かちょっとした便宜を得られると考えるときには、そのために他人に大きな害を与えることをはばからない、ということになり、本当の友情、誠実、一般にいかなる徳をももたないことになりましょう。これに反して、自らを公衆の一部と考えるならば、すべての人に対して善をなすことが喜びとなり、場合によっては、他人のために自らの生命を危険にさらすことをも恐れなくなり、それどころか、できるものなら、他人を救うために自分は地獄におちてもよい、とまで考えるようになるでしょう。結局、自己を公衆の一部と考えることが、人間のなすすべての最も英雄的な行為の源泉なのであります。（一六五四年九月一五日付「エリザベトへの手紙」『デカルト』五二四〜五二五頁）

参照文献

尾関周二『環境と情報の人間学―共生・共同の社会に向けて―』青木書店、二〇〇〇年。

尾関周二『環境思想と人間学の革新』青木書店、二〇〇七年。

デカルト『デカルト』野田又夫責任編集、世界の名著22、中央公論社、一九七〇年。

キャロリン・マーチャント『ラディカル・エコロジー―住みよい世界を求めて―』川本隆史・須藤自由児・水谷広訳、産業図書、一九九六年。

キャロリン・マーチャント『自然の死―科学革命と女・エコロジー―』団まりな・垂水雄二・樋口祐子訳、工作舎、一九八五年。

第6章　尾関周二著『21世紀の変革思想に向けて

―環境・農・デジタルの視点から―』について

本章は、二〇二一年七月三一日に行われた関西唯物論研究会例会での尾関周二氏の著書『21世紀の変革思想に向けて―環境・農・デジタルの視点から―』(1)についての私の疑問点を、例会当日になされた尾関氏の応答を踏まえてまとめたものである。

本書は尾関氏のこれまでの研究（ヘーゲル、マルクス、言語・コミュニケーション論、環境論、共生論など）をもとにした二一世紀の社会変革の見取り図を描くことを狙いとしていて、広く深い内容になっており、評者の能力の及ばない部分も多く、私の挙げた疑問点は、尾関氏からすれば、見当違いの批評になる箇所もあったと思われ、それにもかかわらず丁寧な応答をしていただいたことに感謝したい。

本書は、ユヴァル・ノア・ハラリ『サピエンス全史』や内閣府第五期科学技術基本計画「Society 5.0」で述べられている人類史の発展段階である「狩猟社会」（Society 1.0）、「農耕社会」（Society 2.0）、「工業社会」（Society 3.0）、「情報社会」（Society 4.0）に続く、「未来社会」（Society 5.0＝ＩｏＴ（モノのインターネット）やＡＩ（人工知能などの最新テクノロジーを活用した社会））を踏まえたうえで、「地球環境問題、農業問題、ＡＩ・ＩＴなどのデジタル問題の視点を統合しつつ、社会変革へ向けての新たな21世紀の社会理論を構築しようとする意欲を触発すること」（18）を狙いとしている。

その際尾関氏は、マルクスの思想について、「従来の「生産力史観」や「経済成長史観」に代えて、マルクスが重視した「人間と自然の物質代謝」概念を発展させて「物質代謝史観」を提起」（21）する。コロナ禍の発生は、「資本主義システムや近現代文明による「物質代謝の亀裂・攪乱」に由来する」（21）ことからも、物質代謝史観の適切性が示されていると考えるからである。こうして尾関氏は、二一世紀の変革思想の構築を「マルクスに依拠しながらマルクスを超えるというスタンス」（26）でもって展開して行こうとするのである。

以下、本書の内容に対して私が違和感、疑問をもった点を示していきたい。

1．環境思想の哲学的論争――人間中心主義か自然中心主義か――について

尾関氏は、二〇世紀後半展開された環境倫理学における論争：「自然保護の根拠を、自然それ自体に「内在的な価値」（或いは「固有の価値」）があるから守るのか、或いは、人間にとっての価値があるから守るのかという論争」（39）――自然中心主義か人間中心主義かの論争について、次のように自らの立場を述べている。

私は人間の価値付与を離れて自然に価値はないという立場ではなく、生命的自然、生命圏には価値が満ち溢れているという立場を取りたいと思う。しかし、それは、自然中心主義者たちが主張するような「自然の権利」を根拠づける「自然の内在的価値」（また「自然の固有の価値」）ではないと言える。自然中心主義者が「自然の権利」に類比する人権は社会的性格を持つものだからである。（64）

尾関氏は、人間を離れて生命的自然には価値が満ち溢れているが、その価値は人間社会が認める「人間の尊厳」価値に類比して考えられる「権利」として位置づけられることはできないということ、なぜなら「生命圏には、食物連鎖というお互いの主体を否定しあうことに

よってのみ自己保存が可能であるような関係性が厳然としてあるからである」（64-65）と言う。

私は、尾関氏のこの立場の大筋を認めたい。自然界、生命圏には、人間の価値づけとは独立して価値が満ち溢れているということ、しかしこの価値は人間にその価値の擁護を義務づける道徳的あるいは法的価値ではないことを認める。しかしその上で、人間には生命圏の価値を守る道徳的あるいは法的義務があるのではないか、我々人間社会はその方向へと進むべきではないかと考えている。

確かに生命圏には、「食物連鎖というお互いの主体を否定しあう」関係があるが、しかしまた互いに共生しあう関係もある。バクテリアやウィルスを含めて、互いに否定し合うのではなく共生システムがあるのではないか。例えば人体を構成する細胞の数でいえば、人間本来の細胞が約三七兆個であるのに対し、バクテリアの数は一〇〇兆個以上いると言われている。実際、尾関氏は、本書においても、九五〜九六頁でモンゴメリの『土と文明』や『土と内蔵』に触れて、「ヒトと微生物生態系との共生が重要な課題である」と述べている。

個体レベルで言えば、人間は動物を食べるが動物が人間を食べることはまずない。動物同士が食物連鎖で否定し合っているというのは、その通りであるが、そこに倫理的な問題はない。なぜなら倫理の次元は人間において初めて存在し、動物相互の間に倫理の次元はないからである。

カントでは、理性的能力を備えた人間だけが道徳的行為者（moral agents）であるとともに、道徳的配慮の対象である道徳的行為の受け手（moral patients）であったが、クリスティーヌ・コースガードは、動物も道徳的行為の受け手でありうること、確かに動物は道徳的行為主体ではなく、人間も含めた動物相互の間で道徳的義務を持つものではないが、苦痛を避けたいという欲求を持っているので、人間は動物を道徳的に配慮の対象にしなければならないと論じる。私たちが人間相互の間に配慮や「認知を求める際に私たちが要求するのは、生得的な欲求、利害、愛情の対象である私たちの生得的な関心に、他者が最大限尊重しなければならない価値の重要性が付与されることである。苦痛を避けたいという欲求が分かりやすい例であるが、生得的な関心の多くは、私たちの動物性に由来するのであって、理性に由来するものではない」[2]。すなわち、私たちが相互に道徳的に配慮し合っているのは、相手の理性能力ではなく、相手の生得的な欲求能力に対してであり、その点では生得的な欲求能力をもつ動物についても同様でなければならないのである。

「動物の権利」が唱えられるのは、かつての奴隷と同様に、飼育動物が人間の私的所有財産とされ、人間の利用の対象とされている現実を変革する必要があるとの立場からである。もちろん、飼育動物や野生の動物は私的所有物ではないだけではなく、共同所有（コモンズ）でもなく、誰のものでもないことが想定されている。

尾関氏は、「人類は生命圏の他の生物との関係性における生命主体として生命圏の一員であるとともに、自然と人間社会との関係性における人間社会の社会的主体を構成する一員でもある。この人間存在の二重性を見落とすべきではないであろう」(65) と言い、例会当日の応答では、「動物の世界に倫理や道徳はないが、「欲求能力」をもっている以上、欲求対象は価値的なものであり、私はこの価値を人間的価値と区別して「生命的価値」と呼んだ。動物の世界は無価値な世界ではなく、生命的価値に富む世界でもある。ただ、この価値は人間の「倫理」的行為や「道徳」的行為を直接引き起こす人間的価値ではなく、ここで働くのは、生命体への共感能力であると思う。そして、この共感能力が他の動物への「倫理」的配慮に似た感情を生み出すのではないかと思う」と述べられたが、二一世紀の社会は少なくとも動物たちを道徳的共同体の一員として見なす方向に進んでいくべきではないかと思えるのである。私はまだそこまでは踏み込めていないので大きな声で言う資格はないのであるが、今、動物食を控える人が増えており、あまりにも残酷な動物たちの置かれている状況を変えることが求められているのである。

2. マルクスの「人間主義と自然主義の統一」について

尾関氏は、「若きマルクスの「人間主義と自然主義の統一」の理念と晩期マルクスにおける「人間と自然の物質代謝」概念の深化をつなぐことで、環境思想と社会理論を結びつける新たな可能性を探る」(72)として、『資本論』での「人間と自然の物質代謝」論と『経済学・哲学草稿』での「人間主義と自然主義の統一」の理念とを内的に結びついたものであると見るのであるが、どうであろうか。尾関氏がそう見るのは、『経哲草稿』における「自然」を「人間の非有機的身体」と捉えるマルクスの次の見方が『資本論』の「人間と自然の物質代謝」とつながっていると見るからである。

自然、すなわち、それ自体が人間の肉体(Körper)でない限りでの自然は、人間の非有機的身体(*der unorganische Leib*)である。人間が自然によって生きるということは、すなわち、自然は、人間が死なないためには、それとの不断の〔交流〕過程のなかにとどまらねばならないところの、人間の身体(*Leib*)であるということなのである。人間の肉体的および精神的生活が自然と連関しているということは、自然が自然自身と連関（die Natur mit sich selbst zusammenhängt）していること以外のなにごとをも意味しはしない。というのは、人間は自然の一部だからである。（マルクス『経済学・哲学草稿』城塚登・田中吉六訳、岩波文庫、九四〜九五頁）（78）

尾関氏は、自然を「人間の非有機的身体」として捉えるマルクスの言葉に、「人間‐自然関係の内的・生命的関係性が語られている」（78）と見て、この人間‐自然関係の見方が『資本論』でのマルクスの「人間と自然との物質代謝」と共振すると捉えるとともに、これはそのまま人間主義と自然主義の統一であると捉えるのである。しかしそうであろうか。『経哲草稿』「疎外された労働」の項での「非有機的身体としての自然」について、「人間‐自然関係の内的・生命的関係性が語られている。……後のマルクスの「自然との物質代謝」と共振する」（78）とあり、これについては私も同意見であるが、これが「マルクスによる二元論克服」「人間主義と自然主義の統一」の理念と繋がっているということには、疑義がある。『経哲草稿』「私有財産と共産主義」での「人間主義＝自然主義」のマルクスの考えは、自然を「非有機的身体としての自然」と見る立場と議論の次元が異なっていると考えるからである。自然を人間の非有機的身体と捉える「人間と自然の内的一体性」は、「人間主義と自然主義の統一」と捉えられる「自然と人間の一体化（自然史と歴史の一体化）」とは議論の次元が異なるように思えるのである。

マルクスは、『経哲草稿』「私有財産と共産主義」において、人間と自然の関係について、次のように何度も「自然の人間化（社会化）」と「人間的自然の人間化」を語っている。

> たんに五感だけではなく、いわゆる精神的諸感覚、実践的諸感覚（意志、愛など）、一言でいえば、人間的感覚、諸感覚の人間性は、感覚の対象の現存によって、人間化された自然によって、はじめて生成するからである。五感の形成はいままでの全世界史の一つの労作である。（『経哲草稿』一四〇頁）(80)
>
> すべての歴史は、「人間」が感性的意識の対象となり、そして「人間としての人間」の欲求が〔普通の〕欲求となるための準備の歴史である。歴史そのものが自然史の、人間への自然の生成の、現実的な一部分である。（『経哲草稿』一四三頁）(80)
>
> それゆえ、歴史の全運動は、共産主義を現実的に生み出す行為——その経験的現存を産出する行為——であるとともに、共産主義の思考する意識にとっては、共産主義の生成を概念的に把握し意識する運動でもある。（『経哲草稿』一三一頁）

この共産主義は完成した自然主義として＝人間主義（vollendeter Naturalismus ＝ Humanismus）であり、完成した人間主義として＝自然主義（vollendeter Humanismus ＝ Naturalismus）である。それは人間と自然とのあいだの、また人間と人間とのあいだの抗争の真実の解決であり、現実的存在と本質との、対象化と自己確認との、自由と必然との、個と類とのあいだの争いの真の解決である。（『経哲草稿』一三一頁）(81)
社会そのものが人間を人間として生産するのと同じように、社会は人間によって生産されている。活動と享受とは、その内容からみても現存の仕方からみても社会的であり、社会的活動および社会的享受である。自然の人間的本質は、社会的人間にとってはじめて現存する。なぜなら、ここにはじめて自然は、人間にとって、人間との紐帯として、他の人間にたいする彼の現存として、また彼にたいする他の人間の現存として、同様に人間的現実の生活基盤として、現存するからであり、ここにはじめて自然は人間自身の人間的あり方の基礎として現存するからである。ここにはじめて人間の自然的なあり方が、彼の人間的なあり方となっており、自然が彼にとって人間となっているのである。それゆえ、社会は、人間と自然との完成された本質統一であり、自然の真の復活であり、人間の貫徹された自然主義であり、また自然の貫徹された人間主義である」。（『経

哲草稿』一三三頁）(82)

ここで言われている「自然」は、動物的な自然、粗野な自然ではなく、人間的な自然であり、野生の自然は貶められている。進化論は、自然が人間を目指して進化すると唱えているのではなく、それぞれの種がそれぞれに進化すると考えている。それぞれの種がそれぞれに洗練されていくと考えているのではないか。その点で、このマルクスの立場は、人間中心主義だと言える。次の文章は、このことを示している。対象としての自然は人間自身とされるのである。

社会のなかにある人間にとって、対象的な現実が人間的な本質諸力（Wesenskräfte）の現実として、人間的な現実として、またそれゆえに人間固有の本質諸力の現実として生成することによって、あらゆる対象が人間にとって人間自身の対象化として、人間の個性を確証し実現している諸対象として、人間の諸対象として生成する。すなわち、人間自身が対象となるのである。（『経哲草稿』一三八〜一三九頁）

「あらゆる対象が人間にとって人間自身の対象化として、……人間の諸対象として生成する。すなわち、人間自身が対象となるのである」とは、まさに人間中心主義以外のなにものでもないのである。

テッド・ベントンは、「マルクスの人間論と動物論―人間主義か自然主義か―」において、マルクスのこの歴史観が「「人間の非有機的身体」としての自然のメタファーの内容と両立しないし、人間とその生存条件としての自然的環境との「物質代謝」の恒久的必要性という主張と両立しないし、人間がその中で自らの活動を形作り方向付ける条件と限界を永遠に設定するところの、人間活動から独立な、複雑な因果的秩序としての自然の現実性と両立しない(3)」と指摘しているが、その通りであると思う。

3．物質代謝史観への疑問

本書におけるもっとも画期的な提言は、「物質代謝史観」である。尾関氏は、「ロシアの「農業共同体」は「社会再生の拠点」として高く評価でき……資本主義的工業社会を経なくとも、ロシアの「共産主義的発展の出発点」になりうる」(109)という晩期マルクスにおける「ザスーリチへの手紙」を重視し、ここにはマルクスが、複線的な歴史観とともに「農業や共同体の積極的な意義」(109)を考えていたことが示されていると捉える。

そして、ハラリ『サピエンス全史』や日本政府「Society 5.0」などの歴史観の提起に対応して、歴史観の再考が不可欠であり、教条的な「唯物史観（史的唯物論）」の吟味が求められるとして、単線的歴史観、「土台」「下部構造」と言われた経済的なものへの還元主義的歴史観は否定されるべきであろう」（111-112）と言う。

従来の唯物史観では、「生産力（その核は「労働の生産力」）と生産関係の矛盾とその克服によって歴史発展がなされるとしてきた」（113）が、生産力と自然生態系との矛盾がもつ重大な意味は無視されてきた。これが、ソ連東欧での深刻な環境問題を惹き起こした理由であると批判する。

こうして尾関氏は、「生産力を歴史発展の究極的な動因とする歴史観」＝「生産力史観」（115）を退け、マルクス『資本論』のなかの「人間と自然の物質代謝」概念に注目して、「「生産力－生産関係」カテゴリーの歴史認識における重要な意義はあるが、それをも含むさらに包括的な基礎的カテゴリーとして「人間と自然の物質代謝」概念を歴史発展の基底に位置付けて人類史と未来社会を捉えるカテゴリーと考えることが、「人新世」が語られる二一世紀の歴史観として重要である」（116）として、「人間と自然の物質代謝」を基礎におく歴史観＝「物質代謝史観」を対置する。

物質代謝史観からの人類史の概観（120-124）

「人間と自然の物質代謝の様式」（物質代謝様式）に基づいた人類史の諸段階

(1) 狩猟採集時代：移動、狩られるヒトから狩るヒトへ、平等主義、血縁共同体

(2) 1万年前の「農業革命」:定住、生産力の増大、文明の誕生、階級社会、自然循環

(3) 300年前の「産業（工業）革命」：科学革命と国民国家の形成、人間と自然の物質代謝の撹乱・亀裂が引き起こされる、共同体の解体、経済的支配隷属、形式的平等

(4) エコロジー革命＝コンミューン主義革命：人間と自然の物質代謝の健全なエコロジカルなあり方の実現。人間主義と自然主義の合致。

尾関氏は、「生産力史観」に対する「物質代謝史観」の優位性を、生活手段の生産過程だけではなく、労働力の再生産過程である生活過程をも含むことができ、「歴史を動かす動因は、環境史的な視点とともに、生産力と物質代謝との関係、生産関係と物質代謝との関係にもあると考えることができるようになる」（119）と言って、歴史を上図のように物質代謝様式の変化として見ようとする。これは、唯物史観の従来の生産様式の人類史の概観（アジア的、古代的、封建的、近代ブルジョア的、共産主義的）とは対応しながらも、その視角が異なっている。

この尾関氏の物質代謝史観をどう考えるかであるが、そもそも「歴史観」というのは、歴史を動かす原動力を何に見るかということである。その

視点からすると、確かに人類史の各段階に固有の物質代謝様式が生まれたといえるが、その転換を推し進めたのは果たして物質代謝様式であると言えるのであろうか。斎藤幸平氏も「具体的な人間と自然の物質代謝は、その媒介である労働がどのようにして社会的に組織されるかに応じて大きく異なってくる」(4)と言っているように、各物質代謝様式はそれぞれの転換の結果なのではないであろうか。確かに、物質代謝の撹乱・亀裂が問題になり、それを解決するためにもエコロジー革命＝未来社会が求められるとしても、狩猟採集時代において、狩られる存在として生態系の最下部に位置していた人類が狩るヒトとなり、一万年前に農業や牧畜を開始し、三〇〇年前に産業社会＝資本主義社会になったのも物質代謝様式の矛盾が原動力となったのであろうか。疑問が残るのである。

マルクスとエンゲルスは、唯物史観に行きついた『ドイツ・イデオロギー』（一八四五〜六年）において、その歴史観を「この歴史観はつぎの点にもとづいている。すなわち現実的な生産過程を、しかも直接的な生活の物質的生産から出発して展開すること。そしてこの生産様式とつながっていて、これによってうみだされるところの交通形態を、したがって種々の段階における市民社会を全歴史の基礎としてつかむこと。さらにこの市民社会を国家としてのその活動において叙述するとともに、意識の種々な理論的所産および形態、すなわち宗教、哲学、道徳などなどをすべて市民社会から説明し、そしてそれらのものの発生過程を市民社会の種々の段階からあとづけること」[5]と規定したが、この歴史観は、『経済学批判』（一八五七年）の「序言」の定式と同趣旨のものである。この歴史観には、確かに自然生態系への着眼の要素は示されていないが、尾関氏も言うように、土壌の枯渇に警鐘を鳴らしたリービッヒの影響を受けて、『資本論』執筆に際し、労働者の健康と肉体を破壊する資本主義的生産による人間と自然の物質代謝の攪乱、亀裂を告発する見地を見いだしたのである。

マルクスが『資本論』で「物質代謝」概念を用いた用例は、夙に吉田文和『環境と技術の経済学——人間と自然の物質代謝の理論』（一九八〇年）において整理されているように、「①商品の交換（使用価値の転換）としての Stoffwechsel（質料転換）（商品の交換・流通としての社会的物質代謝）、②化学変化としての Stoffwechsel（物質変換）（錆や腐食などの自然的物質代謝）、③人間と自然のあいだの物質代謝としての Stoffwechsel（労働による自然素材の変化・加工）」[6]である。マルクスは、『資本論』で「Stoffwechsel（物質代謝）」を第一巻で一九回、第二巻で六回、第三巻で六回、合わせて三一回使用しているが、その内訳は、②は二回、③は一〇回で、それ以外はすべて①の社会的物質代謝である。因みに、『経済学批判』（一八五七年）では二二回すべてが社会的物質代謝である。

吉田氏は、この三種類の物質代謝概念の関係を、「②の化学変化を示すStoffwechsel（物質代謝）は化学的運動形態であり、三者のうちでは最も低次のものである。③の人間が自然から物質を取得し生産・消費の廃棄物を自然に排出することを示す「人間と自然とのあいだのStoffwechsel（物質代謝）」は、人間の生命の基本的条件であり、①の商品の転換、使用価値の転換を示す社会的Stoffwechsel（物質代謝）は、人間の社会生活の不可欠な条件である」（吉田、45-46）と階層的に捉えている。

ただ、ここで注意しなければならないのは、吉田氏はその前年に発表していた「マルクスのStoffwechsel論」[7]において、この三種類すべてのStoffwechselは、「物質代謝」ではなく「物質変換」と訳すべきであるとしていた。[8]「物質代謝」は、本来、生物学に限定された用語であり、とりわけ社会的Stoffwechselを「社会的物質代謝」と訳するのは、不適切であると指摘していたのである。①のW－G－Wは、交換・流通過程において、商品と貨幣の形態変換（Formwechsel）と対になっているからである。③「人間と自然のあいだのStoffwechsel」についても、『資本論』における用例は、「労働は、まず第一に人間と自然とのあいだの一過程である」（『資本論』I. S.192）というように、人間の「労働」に関して述べられたものが半数で、「物質代謝の攪乱・亀裂」といったエコロジカルな意味での「人間と自然の物質代謝」は、五箇所のみである。もちろん、このエコロジカルな意味が重要であるし、そのことは私自身も重視したいし、これがマルクスの今日的な炯眼を示すことはいくら強調してもし過ぎることはないことは確かである。

「物質代謝の攪乱」ということで言えば、市場経済社会における商品の交換・流通の停滞や攪乱である富の偏在と貧困、不況や恐慌がそれにあたるであろう。マルクスは、社会的物質代謝の攪乱と人間と自然との物質代謝の攪乱をなくし、「社会的生産の規制的法則として、また人間の十分な発展に適合する形態で、体系的に確立すること」（『資本論』I, S.528）を求めたのである。

4.「ホメオスタシス（恒常性）」概念の社会理論への拡大に対する疑念

尾関氏は、「マルクスが「物質代謝」概念を社会的次元にまで拡大したように、……「ホメオスタシス」概念を社会的主体とのかかわりにおいて社会理論に導入」（131）することを提起する。

「ホメオスタシス」は、「生物体の体内諸器官が、外部環境（気温・湿度など）の変化や主体的条件の変化（姿勢・運動など）に応じて、統一的・合目的的に体内環境（体温・血流量・血液成分など）を、ある一定範囲に保っている状態、および機能。恒常性」（広辞苑）ということであるが、尾関氏は、神経科学者ダマシオの唱える「生命を最適化し、未来に向けて発達する余剰が最も得られやすい安定状態へと自然に向かう[9]」（132）という「ホメオスタシス」の捉え方に着目する。

ダマシオは、ホメオスタシスが「進化を通じて生物、特に動物に神経組織の発達をもたらし、中枢神経系、脳を生みだし、……哺乳類の意識や心の原初形態、さらには人間に精神や自己意識をもたらした」（133）と唱えるのであるが、尾関氏は、「生命体の起源に発するホメオスタシスが認知と情報伝達の能力を段階的に発展させてきて、人間の社会レベルでもそれにふさわしい次元の認知と情報伝達の集合的意識としてのホメオスタシスが働いていて、集団的協力に基づいて環境適応的に社会の維持をはかりつつ同時に未来に向けて発展していく」（135）とし、人間の歴史についても、「人間の歴史は、根底において人間社会の物質代謝を通じてのホメオスタシスが実現していく過程である……生産力の発展やそれの生産関係との矛盾もこの根源的過程を前提において考え、展開されることが重要である」（135）と言って、「ホメオスタシス史観」とでも言うべき説を提唱するのであるが、どうであろうか。

ダマシオは、生物のもつホメオスタシスの働きが、単に「生命の維持」にかかわるだけではなく、「生命の繁栄」にもかかわり、「単に生存のみならず、繁栄を享受し、生命組織としての、また生物種としての未来へ向けて自己を発展させられるよう生命作用が調節されることを保証する」（ダマシオ、38）こと、たとえ思考や意思を欠いた段階でも、「あらゆる細胞は無事に生き続けていくための断固とした「意図」らしきものをつねに示して」（ダマシオ、49）いること、そしてこのホメオスタシスは「スピノザのコナトゥス（固持努力）に対応する」（ダマシオ、50）と言う。

スピノザは、「いかなるものでも、自己の存在に固執しようと努力（conor）する」（『エティカ』第三部定理六）と言い、この「コナトゥスは、その事物自身の現実的本質（actualis essentia）に他ならない」（同、第三部定理七）と言って、このコナトゥスが精神とかかわると「意志（voluntas）」と呼ばれ、「衝動（appetitus）」、「欲望（cupiditas）」であり、喜びと悲しみをコナトゥスの増大と減少と捉えて、「喜びと悲しみは、各個人の力、あるいは自分の存在に固執しようとする努力が増大あるいは減少し、また促されあるいは抑えられるような受動のことである」（同、第三部定理五七証明）と言う。すべての存在は、生物も無生物も、このコナトゥスの働きに基づいて存在するのである。

ダマシオのホメオスタシスは、スピノザと違って無生物は対象外であるが、すべての生物は、このコナトゥスと同様に、その存在に固執し、意識のあるなしにかかわらずその存在のあり方を拡大しようとするのである。そこで尾関氏は、このダマシオの唱えるホメオスタシスに注目して、それが人類史を推進する原動力になっていると言うのであるが、どうであろうか。確かに人類の歴史は、人間の「努力」に基づいて展開されてきたことは確かであるが、この努力がどのように発揮されてきたか、どのように展開されてきたかの説明が問われているのであるが、ホメオスタシスでは、それに答えられないのではないだろうか。

5. 農業は「小農」でなければならないのか

尾関氏は、本書において、農業、とりわけ「小農」の存在意義を高く評価しようとする。尾関氏は、従来のマルクス主義が小農を「プチ・ブルジョア」の典型で前近代の遺物で滅びゆくものと位置づける「小農没落必然論」を唱えたが、現代において農業のもつ環境や景観、地域文化などの多面的価値（機能）を守る重要な担い手として「小農」を重視する必要があるとその認識の見直しを主張し、国連が二〇一四年を「国際家族農業年」とし、二〇一八年における総会において「小農の権利宣言」を可決したことに注意を喚起する。そして、エンゲルスが「小農没落史観」に最後まで拘ったのに対して、マルクスはむしろ小農や小経営を高く評価していたとその見直しを求める。

尾関氏が、マルクスの小農評価の典拠としているのは、『資本論』第一巻の次の文章である。

労働者が自分の生産手段を私有しているということは小経営の基礎であり、小経営は、社会的生産と労働者自身の自由な個性との発展のために必要な一つの条件である。たしかに、この生産様式は、奴隷制や農奴制やその他の隷属的諸関係の内部でも存在する。しかし、それが繁栄し、十分な典型的形態を獲得するのは、ただ、労働者が自分の取り扱う労働条件の自由な私有者である場合、すなわち農民は自分が耕す畑の、手工業者は彼が老練な腕で使いこなす用具の、自由な私有者である場合だけである」。(『資本論』I. S.789)(186)

マルクスは、この文章に続いて、この小経営、小農の生産様式が滅ぼされて、土地や労働用具が収奪されて資本の本源的蓄積が行われ、資本主義的生産様式が展開されるようになるが、この資本主義が打ち倒されて、否定の否定として「資本主義時代の成果を基礎とする個人的所有をつくりだす。すなわち、協業と土地の共同占有と労働そのものによって生産される生産手段の共同占有とを基礎とする個人的所有をつくりだす」（『資本論』I, S.791）展望について語っている。

と同時に、よく知られているように、マルクスは「ザスーリチへの手紙　草稿」で、この資本による本源的蓄積、直接的生産者と土地・労働手段との分離が行われたのは、「イギリスにおいてだけである。……だが、西ヨーロッパの他のすべての国も、これと同一の運動を通過する」（『資本論』フランス語版）（MEW19 S.384）と言って、この本源的蓄積を西ヨーロッパ諸国に限定していたこと、ロシアその他の地域では、原古的〔archaique〕な土地共同体、土地の共同所有が継続していたこと、そして西ヨーロッパの資本主義的な近代社会と同時的に存在しているロシアが直接的生産者の土地や労働手段との分離を経由しなくても資本主義の成果を取り入れて、共同社会に至ることができるという見通しを語った。

尾関氏は、このマルクスの見通しを高く評価し、「協業と土地の共同占有と労働そのものによって生産される生産手段の共同占有を基礎とする個人的所有」（『資本論』I, S.791）の実現と小農の存在を結合し、小農を重視する。そして、「個人的‐共同的所有」の二つの種類として、労働者協同組合と小農の集合による生産協同組合を「労農アソシエーション」と位置づけて未来社会を展望しようとする。

この展望については私も共感するところであるが、ただ、マルクスは、「ザスーリチへの手紙　草稿」でロシアの共産主義社会の展開について「土地の共同所有は、〈それが西洋の資本主義的生産と同時的に存在し、それと物質的ならびに知的な諸関係を結んでいることとあいまって〉ロシアが個人主義的な分割地農業を直接かつ徐々に集団的農業に転化してゆくことを、可能にしている。そしてロシアの農民は、すでに集団的農業を共有の草地で実行している。ロシアの土地の地勢が大規模な機械制耕作をうながしており、農民がアルテリ契約に慣れていることは、彼らが分割労働から共同労働に移行するのを容易にしている」（MEW19 S.389）と言って、小農としての分割地農業を集団化して、大規模な機械制耕作の発展を展望しているのである。したがって、マルクスは、小農のままでよいとは言っていないのである。

尾関氏は、環境問題とのかかわりで、「大規模化された農業が自然と人間の物質代謝の亀裂、攪乱をもたらす懸念があるのに対し、小農は、環境保全的可能性が高い」（189）と、大規模農業が環境破壊に結びつき、小農が環境保全的であるとして小農を推奨するのであるが、どうであろうか。

確かにマルクスは、「大工業と、工業的に経営される大農業とは、いっしょに作用する。元来この二つのものを分け隔てているものは、前者はより多く労働力を、したがってまた人間の自然力を荒廃させ破滅させるが、後者はより多く直接に土地の自然力を荒廃させ破滅させるということだとすれば、その後の進展の途上では両者は互いに手を握り合うのである。なぜならば、農村でも工業的体制が労働者を無力にすると同時に、工業や商業はまた農業に土地を疲弊させる手段を供給するからである」（『資本論』Ⅲb S.821）と言って、大農業が土地の自然力を荒廃破滅させると批判しているが、それは資本主義的な大農業であって、「ザスーリチへの手紙」でも触れたように「大農業一般」を否定しているのではない。問題は、「物質代謝を合理的に規制する」（『資本論』Ⅲb S.828）ことが重要なのである。

酒井惇一氏は、『農業資源経済論』（農林統計協会、一九九五年）[10]で、農業の工業化について、「もし農業の工業化が機械化、化学化の進展であるとするならそれでいいのではなかろうか。それは農業の苦役的労働からの脱却を可能にするものだからである。またそれは人間労働のできなかったことを可能にする。たとえばトラクターは深耕を可能にし、化学化は内給的地力維持の限界を克服して単収を高める。その結果より少ない労働で安定して豊かな食糧の供給が可能となる。また機械化は農地開発も可能にして資源の利用度を高め、食糧不足を解決する。つまり機械化、化学化は大きな社会進歩なのである」（酒井、75）とその推進を推奨し、問題は農業の資本主義化からくる歪みであると言う。

酒井氏は、「家族経営＝環境保全的経営論」を批判する。「大規模農業・企業的農業＝農薬・化学肥料多投型」「小規模農業・家族農業＝資源・環境保全型」として、「資源・環境問題の原因を規模問題、企業形態問題に単純化していいのか」（酒井、254-255）と問う。

酒井氏は、家族経営が環境保全的性格をもつとする論者は、「①家族経営が祖先から子孫へと引き継ぐ生業なので、農業の持続を困難にするような環境破壊などするわけはなく、地力維持を考える等、長期的視点にたって経営する性格をそもそももっている、②家族労働力を基礎としていることが資源・環境保全を可能にする、すなわち、家族経営はその基礎とする家族労働力を費用とは考えず、したがって、企業経営のように労賃節約のために農薬や化学肥料を使って利益をあげようなどとは考えない、③大規模経営は大面積をいかに効率的に経営するかを考えるので化学肥料や農薬を大量に使い、また労力に対して土地が相対的に多いので外給的地力維持、粗放的にならざるを得ず、単作や連作を進めるが、これに対して家族経営は、少ない土地から多くの収量を得なければならないので、土地を大事に扱い、輪作体系の導入等の地力維持を考え、土地に対して労力が相対的に多いことからそうしたきめの細かい管理が可能である、④家族経営はそもそも自給生産を基本としており、しかも小規模のために現金収入が少なく、現金支出をいかに少なくするかを考えるので、経営内自給に力を入れる結果、多角的生産となるので単一経営のように農薬や化学肥料の多投をしなくともすむ、⑤いままでのべたこととも関連しているのであるが、経営と労働と土地所有と生活を一体化しており、経営者自ら労働するので農薬等の健康に害のあるようなものは使わず、家族経営は一般に農地所有者であるので、農地の管理に力を入れ、地力維持に力を注ぐ。さらに、生産物を自分の家で食べるので健康を害するような農薬は散布しない」（酒井、255-256）と言い、以上のことから、「小規模家族経営は環境保全型経営であり、持続的農業にふさわしい経営形態であるという。しかし本当にそうなのだろうか」（酒井、256）と問う。

酒井氏によると、自給自足を基本とし、労働市場も開かれていなかったかつての家族経営は資源・環境保全的経営であり、「自分の代だけでなく子々孫々まで農業が継続できるように長期的視点にたって資源と環境の保全を考える」（酒井、256）農業経営であったが、商品経済浸透下では、資本主義経済に巻きこまれ、「生産資材や生活資材を外部から調達することなしには経営も生活も維持できなくなってくる。そしてその調達のために農産物を商品として販売せざるを得なくなる。つまり自給自足経済から商品経済へと転換する」（酒井、

257）。その結果、効率性、経済性、利便性を追求せざるを得なくなり、「資本主義的企業と基本的には同じ行動原理をもたざるを得なくなり、資源を多く消費し、環境負荷を増大させるようになってくる」（酒井、258）のであり、それに拍車をかけるのが家族経営の性格であると、次のように言う。

> 第一に、小規模生産という家族経営の性格から単年度効率追求主義になりがちである。小規模なるがゆえの経済的ゆとりのなさから、将来を考えるより今どう生きるか、生計費を得るためにかぎられた土地からいかに多くの所得を得るかを考えざるを得ない。そのために化学肥料や農薬を多投しがちになり、また土地を酷使する。
>
> 第二に、小規模なるがゆえに経営の専門化、単一化を進めざるを得ないことである。たとえば、いかに地力維持のために輪作体系をとることが必要だといっても、副作物の収益性が低ければ取り入れられない。若干収益が下がっても長期安定的な効率を追求するなどはなかなかできないのである。それでもって有利な作物に集中して経営と生活を維持しようとする。その結果土地が専作的に利用され、地力問題が引き起こされ、化学肥料や農薬が多投されることになる。
>
> 第三に、孤立分散的、自己完結的な小規模生産なるがゆえの資源浪費、それにともな

う環境汚染物質の放出の増加が避けられないということである。

たとえば、家族経営は機械・施設の要求する適正規模をもたないので土地面積に対して機械・施設を余分に投入する。その結果、鉱物や石油等の資源が農作業に本来必要とされる以上に費消され、それはまた窒素酸化物や二酸化炭素等を余分に排出させて環境に悪影響を及ぼす。それに加えて、機械を適性台数以上に工業部門で生産させることにより、その生産過程での資源の浪費と余分な廃棄物の排出をもたらす。

第四に、家族経営の経営感覚の弱さが資源・環境問題に拍車をかける。

そもそも小規模経済であり、経営と生活が一体化している家族経営はコスト意識が低い。まず厳密な財務管理などは難しい。また小規模なので記帳などしなくとも何とか経営していける。それで生産技術、生活技術に対する関心は強いが、財務管理等の経営技術に対する関心は相対的に薄い。実際に簿記記帳している農家は少ない。その結果生産資材の過剰投入となる。しかも家族経営は、生産の絶対量を追求し、コストとの関連をあまり考えない傾向をもつ。こうした絶対収量追求は、かつての低位生産力段階、自給自足時代の名残からくる。要するに家族経営は商品経済に対応した収益性追求に純粋化していないのである。（酒井、258-260）

酒井氏は、このように家族経営が、商品経済の浸透によって「資源・環境問題を引き起こすようになり、しかも商品経済と生産力高度化に十分に対応できる性格をもっていないために問題を増幅させる」（酒井、260）と指摘する。

これに対し、大規模・企業経営型農業は、次のような利点があると言う。

スケールメリットで生産資材を節減し、きびしいコスト管理による私経済的費用の節減と最適投入量の追求で生産資材の使用を節減し、省資源と環境汚染物質の放出の抑制を可能とする。

また、大規模に経営していることから合理的な複合化を採用しようと思えばできる。経営面積の大きさで土地面積あたり収益の低さを補えるので、土地純収益の低い農作物を入れた合理的輪作体系をとったり、収益性の低い家畜でもそれを導入して堆肥生産をしたりすることができるのである。また、一作物集中による季節的繁閑の差を避けて雇用労力の完全燃焼を図るために輪作体系をとったり、畜産を導入したりすることもある。大規模企業経営＝単一化＝地力喪失という単純なストーリーには必ずしもならないのである。（酒井、264）

もちろん、酒井氏は、「アメリカの企業農場などは、大量の化学肥料、農薬、水を使用し、土壌浸食、水源枯渇、生態系破壊をもたらしている」（酒井、264）として、大規模企業農業の問題点も指摘しているが、だからといって、「家族経営が善であるなどとは単純にいえない」（酒井、265）と言い、「問題解決の基本は、旧来の家族経営にもどすことではなく、資本主義経済とそれに規定された政治と社会的な意識を変革することなのである」（酒井、265-266）と指摘する。

この酒井氏の指摘は、資本主義市場経済下の日本の農業のあり方についてのものであって、共産主義的な未来社会での農業のあり方についてではないが、それを考えるうえでも、考慮に値するものであると思うのである。

おわりに

以上、尾関周二氏の『21世紀の変革思想へ向けて―環境・農・デジタルの視点から―』について、私の疑問点を五点にわたって述べてきたが、尾関氏にすれば、この疑問点が本書における氏の本筋の議論に触れずに、その周辺や脇にある問題であることやまた私の無理解に起因することであったりして、不本意なものであるかもしれない。実際、本書は、われわれが直面する「21世紀」の問題とその打開・変革を提起する氏の「畢生の書」であることから、それにケチを付けるようなことになって申し訳ないと思っている。「脱資本主義と将来社会へむけて」日本を国際連帯国家とし、新自由主義的グローバリズムに対して国際立憲主義にもとづく地球的ガバナンスの確立の提案など、二一世紀の変革思想に向けての氏の王道の主張は、もちろん私もその大筋で賛同していることを申し添えたい。

注

(1) 尾関周二『21世紀の変革思想に向けて―環境・農・デジタルの視点から―』本の泉社、二〇二一年。なお、本書からの引用は、本文中にアラビア数字で記す。また、マルクスなど他の著者からの引用についても、その引用文が本書でも引用されている場合は、本書の引用箇所の頁をも併せて数字で記す。
(2) ローリー・グルーエン『動物倫理入門』河島基弘訳、大月書店、二〇一五年、六五～六六頁。
(3) Ted Benton, Natural Relations: Ecology, Animal Rights and Social Justice, London:Verso. 1993の第二章 'Marx on Humans and Animals: Humanism or Naturalism' 山口拓美訳「マルクスの人間論と動物論―人間主義か自然主義か―」『神奈川大学商経論叢』51(1)、一一九頁。
(4) 斎藤幸平「『資本論』のエコロジーから考える―マルクスとエンゲルスの知的関係―」『季刊 経済理論』第五三巻第四号、二〇一七年一月、四二頁。
(5) マルクス・エンゲルス『ドイツ・イデオロギー』古在由重訳、岩波文庫、五一頁。

（6）吉田文和『環境と技術の経済学―人間と自然の物質代謝の理論―』青木書店、一九八〇年、四二～四四頁。〔　〕内は、河野。
（7）吉田文和「マルクスの Stoffwechsel 論」『北海道大学　経済学研究』29（2）、一九七九年、一三九～一五八頁。
（8）なぜ吉田氏が『環境と技術の経済学』でこの「物質変換」を「物質代謝」としたのかは、不明であり、この点は、小松善雄氏も「マルクスの物質代謝論」（立教経済学研究、第五四巻第四号、二〇〇一年、一五五～一八三頁）で指摘している。
（9）アントニオ・ダマシオ『進化の意外な順序―感情、意識、創造性と文化の起源―』高橋洋訳、白揚社、二〇一九年、四八頁。
（10）酒井惇一『農業資源経済論』農林統計協会、一九九五年。
〔付記：本拙論に対する尾関周二氏の応答・補論が、「拙著『21世紀の変革思想へ向けて』の論点を巡って―河野氏の疑問への応答と補論的探求―」（関西唯物論研究会編『唯物論と現代』六五号、二〇二二年四月、五七～七七頁）にあり、ウェブでは、https://ozekishuji.com/?page_id=65 からアクセス可能である。〕

第7章　実在論の新展開——問題となる論点

二一世紀になってこれまでのポストモダニズムに代わって、新しく実在論が論じられるようになった。現代思想の潮流は明らかに新しい潮目を見せている。新実在論を唱えるマウリツィオ・フェラーリスの言葉の通り、「(解釈学・ポストモダニズム・言語論的転回など) その様々なヴァージョンにおいて反実在論の方向に振れた二〇世紀の思想の振り子は、新しい世紀に入るとともに実在論の方向へと動いた」[1]のである。二〇世紀においては、英米系の分析哲学はともかく、ハイデガーやフッサールの現象学の系譜に属する大陸哲学においては、実在論は哲学的な議論の対象とは見なされなかったが、世紀の変わり目とともにポストモダニズムが終焉を迎え、実在論が新たに展開されるようになったのである。

なぜ今世紀になって実在論が展開されるようになったのか、その理由はどこにあるのかと言えば、やはり地球環境問題の深刻化や地震や洪水などの自然災害、またいま世界を襲っている細菌やウイルスなどによる疫病の流行、原子力発電による放射能汚染などの脅威に晒されている現実がその背景にあると言えるであろう。唯物論者を自称するマニュエル・デランダは、グレアム・ハーマンとの対話『実在論の時代（*The Rise of Realism*）』（二〇一七年）で、その理由を次のように体験的に語っている。

私は、戦争についての私の本が出版された一九九一年以来、公言してはばからない実在論者であった。戦場の空間は、それは決定的に文化的な空間であったが、金属の発射体、榴散弾、衝撃波、火炎によって覆われていた。それらすべての死をもたらす事物は、人間の兵士を襲い、兵士たちがそれら事物が実在することを信じるか信じないかにかかわりなく、死体、千切れた肢体を後に残した。そして同じ理由により、物質とエネルギーの流れ、飢餓、伝染病に焦点を絞った千年の歴史についての私の本はまた、明確に実在論者のものであった。ほんの一つの例を挙げれば、バクテリアとウイルスは、我々がそれらについてのどのような信念を形成するよりも前の何世紀にもわたって私たちの身体を客観的に襲ってきたのである。他方で、私は、これらの本で全ての首尾一貫した唯物論が実在論でなければならないという立場のための議論を提示はしなかった。私はただ、もし人間の歴史が、兵器と戦闘、ワクチンと検疫、産業と貿易における物質とエネルギーの流れという物質的な文化によってそんなにも影響を受けてきたのなら、精神から

独立の世界についての信念が論理的に帰結するということをまさに当然のことと考えたのである。(2)

ここで挙げられている事例のすべては、東日本大震災とそれによる津波、福島第一原子力発電所の事故による放射能汚染、度重なる集中豪雨や大型台風の被害、そしてこの度の新型コロナウイルスのパンデミックに晒されてきた私たちの現実と重なるものである。「事実なるものはなく、あるのはただ解釈だけでしかない」(3)というニーチェの遠近法主義(Perspektivismus)を引き継ぐポストモダニズムでは、いかなる対処も不可能となり、実在論が求められたのである。

実在論の新しい動きへの注目は、二〇〇七年四月二七日にロンドン大学ゴールドスミス校で持たれた「思弁的実在論」についてのコロキウムに発している。このコロキウムには、グレアム・ハーマン、イアン・ハミルトン・グラント、レイ・ブラシエ、そしてカンタン・メイヤスーの四人が参加している。そしてそこで、前年の二〇〇六年に『有限性の後で』を刊行していたカンタン・メイヤスーによるカント以来の近現代哲学が陥っていた相関主義(corrélationisme)への批判が、共通公理となり新たな実在論の覚醒への道を拓いていくことになったが、実在論の提起はすでにそれ以前の二〇〇二年のグレアム・ハーマンの『道具存在』[4]とデランダの *Intensive Science and Virtual Philosophy*[5]から始まっており[6]、またこれらの動きとは別個に一九九〇年代の後半からイタリアのマウリツィオ・フェラーリスによって展開されていた。フェラーリスは、ポストモダンの思想家ジャンニ・ヴァッティモ（Gianni Vattimo）の「弱い思考（Il pensiero debole）」の影響下で育ち、ジャック・デリダに共鳴し、その共著者でもあったが、ハーマンによると「一九九二年にナポリで「存在は言語である」というハンス・ゲオルグ・ガダマーの話を聞いて、突然、それが嘘であると悟り、フェラーリスの実在論的転回が始まった」（Mani. x）ということである。その意味で、フェラーリスの実在論的転回は、二〇〇七年にロンドン大学ゴールドスミス校で持たれた「思弁的実在論」のコロキウムに参加したハーマンやメイヤスーなどの潮流とは別個に、それよりも先行して行われていた。フェラーリスは、孤独な戦いを行っていたのである。フェラーリスは、「私は、実在論の論戦においてほとんどただ一人であったと言わねばならない。その最初の表れは、私の *Estetica razionale* の一九九七年に遡る」[7]と語り、二〇一二年の『新実在論宣言』の内容は、解釈学やデリダの脱構築の思想をくぐり抜けて練り上げられたオリジナリティをもつ哲学であって、「私が過去二〇年前から発展させてきた考えである。実在論の練り上げは、九〇年代の始めに、私に解釈学を放棄し、感受性（sensibility）の理論としての感性論

（エステティックス）、修正不可能性（unamendability）としての自然的存在論、そして最後にドキュメンタリティの理論としての社会的存在論を提起するように導いた転回以来、私の哲学的な仕事を貫く主要な糸であった」（Mani. xiv）と語っている。

本章では、これらの実在論者の所論のうち、メイヤスーとハーマン、フェラーリスの実在論の中核部分を押さえるとともに、実在論の展開にとって理論的に深めなければならない論点について考えたい。

1．実在論とは何か

最初に明らかにしておかなければならないこととは、「実在論」とは何かということである。そこでまず「実在論（realism）」の定義を差し当たって「意識から独立した存在を認める立場」と定義したい。我々が知覚したり考えたりしていることとは独立して存在する事物の実在を認め、その認識可能性を認める立場である。それに対し、実在論に反対する立場は、バークリの主観的観念論、カントの超越論的観念論、ヘーゲルの絶対的観念論、フッサールの現象学などであるが、いずれも人間の意識的な世界を離れてそれ自体の存在を認めないか、カントのように物自体としてその存在を認めても、それについてのいかなる認識もなしえないと考える不可知論的な立場である。「実在論」を自認する立場であっても、カントの経験的実在論（empirischer Realismus）（『純粋理性批判』A. 370）や、ヒラリー・パトナムが一時期採っていた内的実在論（internal realism）、またフッサールやハイデガーの「心は常にすでにそれ自身の外にある対象を志向し、現存在は常にすでに世界に投げ出されている」といった意識の志向性と結びついた対象や世界の実在性を認める立場ではなく、あくまで意識からの独立の存在を認める「実在論」である。

そもそも実在論か観念論かが問題とされたのは、近世になってデカルトやロックが我々の心による認識の直接の対象が外的な対象そのものではなくその表象、観念であるとし、その観念を心に生じさせる原因として外的対象の存在とその認識可能性を認めるかどうかが問題とされたからである。デカルトやロックが、心とは独立の物質的な対象を認めたのに対して、バークリは観念以外の存在を認めず、ヒュームはその存在を不可知なものとして問わず、カントは心から独立の物自体の存在を認めたが、認識の対象を観念であるとして超越論的観念論を唱えた。そしてフィヒテやシェリング、ヘーゲルはカントの物自体を否定して絶対的観念論を唱えたのである。

しかしこれに対し、トマス・リードは、デカルトやロックの観念を媒介にした認識図式を否定し、我々が直接的に外的対象を経験的に認識していると常識哲学（philosophy of common sense）を唱えた。この観念や表象を媒介せずに直接対象を知覚しているというリードの常識哲学は、今日の実在論の展開において大きな潮流となっている。先のパトナムが最終的に行き着いた「自然な実在論（natural realism）」はこの立場であって、それは「われわれ自身と世界との間を媒介する境界面《インターフェイス》を押しつけるような構図が不必要であり、理解不可能だと見定めること」(8)であり、「われわれは知覚において自分の周囲の環境と直接的に接触している」（同前、六三頁）という立場である。

二〇一五年に出版されたヒューバート・ドレイファスとチャールズ・テイラーの共著『実在論を立て直す』(9)もまた、このリードの常識哲学、パトナムの自然な実在論の立場を取っており、デカルトやロックによって唱えられた知識の媒介説（mediational theory）を批判し、ウィトゲンシュタインやハイデガー、メルロ＝ポンティによって唱えられた知識の接触説（contact theory）を主張する。媒介説とは、「私たちは外的実在を内的な表象をとおしてとらえるのだという考え」（DT. 2）であり、この媒介説では、外的世界への接近は「表象、記述、観念、信念、真と見なされた文など」（DT. 16）を介してのみ可能であるとする立場であるが、それに対して、接触説は、「生きて活動している存在者は、世界と直接触れ合っている」(DT. 29) と見るのである。媒介説では、知覚的世界について内としての心と外としての世界の分裂が出てきて、ここから知覚内容が外的世界と対応しているかどうかについて懐疑主義や相対主義、非実在論が出てくるのに対して、接触説では、我々は身体的に世界と接触しており、知覚的世界に棲み込んでいるので、そのような懐疑主義など生じる余地はない。接触説では、内と外という乖離は生じないからである。我々は、身体的に世界と直接触れ合っており、知覚的世界という実在の世界に生きていると言うのである。

しかし、ドレイファス／テイラーは、この直接接触している知覚的世界だけではなく、意識から独立の実在的世界、物理的世界についても考えようとする。なぜなら、「私たちが直接出会う対象は、私たちが日常的な世界へと身体的に埋め込まれていることによって形作られているということをさらに認めてしまうと、人間とのどんな相互作用からも独立してそれ自体で存在するものごとを理解する可能性は、私たちにはもう意味をなすことがありえないように見えてくる」(DT. 215) ことになり、そうすると「それ自体であるがままの宇宙へのアクセスをすべてふさいでしまうように見える」(DT. 216) からである。

そこでドレイファス／テイラーは、彼らが「頑強な実在論（robust realism)」と呼ぶ実在論の立場を唱える。それは、「私たちに対して現れる日常的な世界のものごとへの身体的な直接的アクセスと、科学が記述するのは私たちの身体能力や対処実践から独立したそれ自体であるがままの宇宙のものごとであるという実在論的な見解との両方を擁護する議論」（DT. 216）であり、彼らの唱える接触説による知覚的世界とともに、自然科学の研究対象としての意識から独立の実在的世界を認めようとするのである。

ドレイファス／テイラーは、この自然科学の研究対象としての実在的世界が、オーソドックスな科学史どおり、ガリレオとその同時代人によって発見されたと次のように言う。

ガリレオとその同時代人は、私たちが日常的な世界の直接的で身体的な経験を括弧入れできるということを発見したのだった。私たちは、自分たちの感覚や物質的身体の形態および能力に依存する日常的な事物の性質から注意をそらすことができ、さらには、独立的な実在と接触する経験からも、注意をそらすことができるのである。それによって私たちは、色・方位・固形性・重さなどをもつ知覚可能な事物を排した物理的宇宙——近さや遠さ、上と下、先と後がいっさいない宇宙——を発見し、探究できる。（DT. 230）

これは、日常の知覚的世界の背後に実在する物理的世界の発見であり、デカルトやロックの考えた、色や匂いなどの感覚的諸性質や人間中心的な世界とは独立の実在的世界の発見である。

以上、「実在論」という言葉で意味されている多様な内容を掻い摘まんで整理してきたが、我々が最初に規定した「意識から独立した存在を認める立場」という実在論の定義からすると、知覚的世界の実在論を展開するトマス・リードの常識哲学やパトナムの自然な実在論、また接触説に立つウィトゲンシュタインやハイデガー、メルロ＝ポンティなどは、意識から独立の存在を認める実在論の立場には立たないので、実在論とは認められないと言わねばならない。このことを押さえた上で、これからメイヤスー、ハーマン、フェラーリスの言う実在論の要点を押さえるとともに、その問題点を考えたい。

2. カンタン・メイヤスーの思弁的唯物論——相関主義をいかに打ち破るか

メイヤスーは、同じ意識から独立の実在を認める立場であっても、「思弁的実在論」ではなく「思弁的唯物論（*matérialisme* spéculatif）」でなければならないと言う。メイヤスーに言わせると、バークリは、「唯物論の敵」であるが、「実在論の友」である。というのも、「バークリは、精神の実在論者であり、観念の実在論者であるからである」[10]。

唯物論とは、エンゲルスが『フォイエルバッハ論』の中で定式化しているように、①思考と存在、精神と自然との関係において、後者を根源的なものと見なし、しかも②思考が現実の世界を認識できると主張する立場であるが[11]、メイヤスーもまた、この唯物論の立場を継承する。メイヤスーはその『有限性の後で』で次のように、彼が言う「思弁的唯物論」を説明している。

> 思弁的たらんとする――すなわち思惟のない存在を絶対的な実在とする――全唯物論は、実際に、思惟が必然的ではない（何かは思惟なしに存在可能である）ことと、思惟は思惟が存在しないときに存在するはずのものを思惟することができることとを肯定することにあるのでなければならない[12]。

メイヤスーが脚光を浴びたのは、彼の相関主義批判にある。メイヤスーが相関主義を批判するのは、これまで唯物論がその敵を観念論としてきたことに対し、上に見た唯物論の二つの規定を展開するためには、観念論ではなく相関主義を批判することが重要であると気づいたからである。相関主義は、西洋の近現代哲学を総括する哲学的立場であり、それ故にまた、唯物論と対照をなす立場であって、相関主義者の中には観念論者であることを否定する論者もあり、観念論よりもより包括的な立場である。西洋の近現代哲学をこの相関主義という視点で括る見方は、ある意味で目から鱗の効果を持っているといえるであろう。

それでは、相関主義（corrélationisme）とはどのような立場であるのか。メイヤスーは、『有限性の後で』において、相関主義を次のように規定している。

我々は思惟と存在の相関関係にしか接近できず、切り離して捉えられたこれらの項の一つに決して接近することはできない。今後、我々は、そのように理解された相関関係の越えられない性格を主張する思想の流れ全体を相関主義（corrélationisme）と呼ぶことにする。（AF. 18, 一六）

相関主義は、主観と客観のそれぞれを、両者の関係から切り離して考察することができないという立場である。つまり我々は、物自体、即自存在を決して認識することはできない、決して「相関の循環（cercle corrélationnel）」を破ることはできないと言う。

しかしメイヤスーは、この相関の循環を破ることができる事実があると指摘する。それが、ビッグバンや地球の形成など、人類の出現以前の、また地球上の生命以前の出来事であり、メイヤスーは、これを「祖先以前的（ancestral）」な出来事と呼ぶ。これらの出来事を表す言明は、相関主義の循環を破っており、相関主義が成り立たないことを示していると言うのである。これは、レーニンが『唯物論と経験批判論』第一章第四節「自然は人間以前に存在したか？」において、「自然科学は、人間も、また一般にどんな生物もその上に存在しなかったし、また存在できなかったような状態のもとで、地球が存在していた、ということを肯定的に主張している」[13]と言って、観念論を論駁するときに用いた論法と同じである。

しかし自然科学の成果に依拠して哲学的な主張を根拠づけることは、論点先取となるであろう。メイヤスーもこの点は承知していて、意識からの独立の絶対的な世界を思弁的な論拠によって打ち立てようとする。それが、論敵の相関主義の最強の論拠を使って当の相関主義そのものに立ち向かうというアクロバティックな戦略である。最強の相関主義は、相関の事実性、すなわち相関としての諸事物や諸法則のそれ自体の必然性ではなく、その偶然性、無理由性を主張するが、メイヤスーは、この無理由性の原理を第一の原理として打ち立てることによって、相関主義を乗り越えるのである。

メイヤスーは、この「無理由の原理（principe d'irraison）」を「事実論性の原理（le principe de factualité）」とも言うが、この偶然性の必然性という絶対的な原理＝ハイパーカオスから、物自体の存在とその無矛盾性、そして祖先以前的な真理を初めとする科学的な真理を基礎づけようとする。デカルトやロックなどの物質の第一性質の議論を復活させることによって、意識から独立の物質的な世界の認識を可能とするのである。

第一性質、第二性質の理論は、取り返しもつかない有効性の切れた哲学的な過去に属するように見えるが、今やそれを回復させるときである。……そこで問題にされているのは、思考の絶対的なものへの関係そのものである。（AF. 13, 九）

デカルトやロックが第一性質と第二性質を区別したように、メイヤスーも、①主体の世界との関係としてしか存在しない色や匂いなどの感覚的なもの（第二性質）と、②私がその対象と関係を持とうと持つまいと、現実に私がそれらを考察するように対象の中に存在している対象の数学的な諸特性（第一性質）とを区別する。

そしてメイヤスーは、「所与（donné）の明らかな無根拠性の手前あるいは彼方には何もない。その破壊、その出現、その保存の、限界なしの法則なしの力以外の何ものもない」（AF. 98, 一一〇）とした上で、この所与としての世界のうちで、第一性質としての世界は、私たちの存在とは無関係にそれ自体、存在し続けると考える。「所与（*donné*）において数学的に記述可能であるすべてのものは、我々がまさしくそれを所与や現れとするために存在しようが存在しまいが、存続することができると考える（たとえそれが仮説的なしかたにおいてであれ）ことに理がある」（AF. 174, 一九四）と見るのである。

メイヤスーは、この人間の存在とは無関係にそれ自体で存在し続ける物質的対象が、観念などの表象とは独立のものとは考えずに、基本的に思惟に与えられることが可能なもの、数学的に記述可能なものとしての所与であると考えており、物質的世界を思惟から独立の存在と捉えていても、その独立性は、人間存在からの時間的な独立性であって、その存在はあくまで人間に与えられた所与としての存在でしかない。これに対してグレアム・ハーマンは、我々に感覚的に知覚されるかぎりでのものに止まらず、隠れた次元における物質の活動を認める。

物自体は、すべての人間が死んでも実在する何かであるだけではなく、人間がすべて死んではいないときでさえそれについての我々の認識から独立の何かが存在しなければならないのである。すなわち、実在論の問題は、祖先以前的な年代や田舎の空き家から生じるのではなく、我々がそれらの事物を直接に凝視している時でさえ我々の注意を逃れる事物の中の実在から生じるのである。この点で、私は、相関主義の議論は、強力であるとはまったく思わない。そして私は、メイヤスーの物自体の実在の証明は物自体についての前相関主義者の十全な深みを回復することに失敗していると主張する。(14)

グレアム・ハーマンは、メイヤスーの物自体が人間の認識から独立の感覚的な所与の背後にある物自体ではなく、人間の生存中だけでなくそれ以前も以後も存在し続けているものであり、それは、数学的に記述可能なものとしての所与であると見て、物質的対象の深みを捉えていないと言うのである。

3．グレアム・ハーマンの対象指向存在論──対象の四方構造

ハーマンは、カンタン・メイヤスーの相関主義批判とほぼ同じ立場を共有する。メイヤスーは、相関の循環を破る事実があると言って、宇宙の始まりや地球の誕生などの人類出現以前の「祖先以前的」な出来事を挙げて、この相関主義を批判したが、ハーマンもまた「宇宙は、空間的にも時間的にも巨大であるように思われる。宇宙は、私たちの猿型の先祖や他のあらゆる生命形態よりも古い。そしてまた、そこにいる何兆もの存在者は、人間に観察されていないときでさえ、様々に関係し争いあっていると想定することも健全であるように思われるだろう」[15]と言って、相関主義の人間中心主義を批判する。

ハーマンは、メイヤスーの言う「相関主義の哲学」を「人間的アクセスの哲学」と言い換えて、次のように規定する。人間的アクセスの哲学（Philosophy of Human Access）とは、

「私たちが人間の思考の外にある世界を思考するにしても、そのとき私たちはそれを思考しているのであり、したがってその世界はもはや思考の外にあるものではない。この循環から抜け出そうとする試みは、どのようなものであれ、矛盾に陥る運命にある」（Q. 97）というものである。これは、メイヤスーの言う「相関の循環（cercle corrélationnel）」である。ハーマンは、このアクセスの哲学を、たとえば「木についての私の思考は、私が木を考えていることなしには存在しえない、と言うのはトートロジーにすぎない。だが、このことから、私がそれを考えていることなしに木は存在しえないと結論するのは、トートロジーの範囲を超えている」（Q. 104）と論駁し、また「「思考の外の木」が「思考の外の木についての思考」と同じものを意味していると考えるのは誤り」（Q. 106）であり、この点についてハーマンは、ソール・クリプキの『名指しと必然性』における固定指示子についての議論、「何かについて思考することは、それを心に対して現前させることであるが、それだけでなく、その何かが心への現前を越えて存在する限りにおけるその実在を指し示すことである」（Q. 108）を援用して、「アクセスの哲学」の言う思考の循環を退ける。

　以上、我々はまず、ハーマンがカンタン・メイヤスーと同様に、相関主義の批判の立場、実在論の立場に立っていることを確認した上で、その対象指向存在論の中身に入っていきたい。

ハーマンの対象指向存在論の中心は、オブジェクト、対象（Object）である。主観や主体（Subject）ではなく、対象である。この対象という概念は、ハイデガーの『存在と時間』の中で展開されている道具分析に由来するとハーマンは言う。ハイデガーは、世界内存在としての現存在である人間が環境的な世界のなかで出会うのが、事物的存在者（Vorhandenes）、物理的な存在ではなく、道具的存在者（Zuhandenes）であり、その道具的存在者は、まさしく本来的に道具的に存在するゆえに気づかれることなく「己の道具的存在性のうちでいわば身を退いている（zurückziehen）[16]」ということ、その道具的存在が目立って出会われるのは、その道具が使用不可能になる時であり、その時には道具的存在者としてではなく事物的存在者として立ち現れるのである。ハンマーは、壊れたハンマーになるときにはじめてその存在が気づかれるのである。

ハーマンは、「道具存在性（*Zuhandenheit*）は対象が理論的な気づきに対してと同様に実践的な活動にも決して現れない暗い表面下の実在性へと人間の視野から退くかぎりでの対象を指示している[17]」のであり、ここから「対象そのものの存在論（ontology of *objects themselves*）」（同前）を生み出すことができると主張する。すなわち、道具存在がその道具存在性の内で身を退いている、退隠している（withdraw）とのハイデガーの記述を、対象一般のあり方として普遍化して対象指向存在論を唱えるのである。対象は、他の存在に対するいかなる現れや関係にも回収されない「物自体」として存在しているのである。この対象は、したがってアリストテレス以来の実体（substance）概念に近い。

ただハーマンの「対象」は、伝統的な実体概念の「自然的なもの」であり「実在的なもの」でなければならないという制約に縛られない。「ダイヤモンドやロープ、中性子と並んで、軍隊や怪獣、四角い円、そして実在する国や架空の国から成る同盟もまた、対象のうちに含まれうる」（Q. 13）のである。自然物、人工物、社会的存在、空想や虚構の存在、「四角い円」のようなマイノングのいう存在しない対象も含めて、すべて対象である。ハーマンは、「私の主張は、全ての対象が等しく実在的であるということではなく、全ての対象は等しく対象であるというものである」（Q. 13-14）と言う。その意味で、対象指向存在論は「万物の理論（Theory of Everything）」[18]なのである。

ハーマンは、この対象に定位した存在論、対象指向存在論を唱えるのであるが、ハーマンはまずこの対象を構成要素に「解体（undermining）」することと、性質や関係に「埋却（overmining）」すること、さらには、対象を解体すると同時に埋却する唯物論の手法である二重解体（duomining）にも反対する。唯物論は、対象を原子などの要素に解体するが、同時にその原子を「硬さや抵抗などの触知可能な性質の集合にすぎないもの」（Q. 28）と見なし、原子を対象としてではなく経験論者のように性質の集合にすぎないものとして埋却することによって、結局、自立的な対象そのものを消し去ってしまうので、「唯物論は、あらゆる対象《オブジェクト》指向哲学の宿敵」（Q. 27）だと批判する。

このようにハーマンは、対象の解体と同時に埋却を批判するのであるが、一般に対象の認識の仕方、対象についての知識は、対象の構成要素への分析（解体）と、対象の諸性質や対象の振る舞いや働き、他の諸対象との相互作用関係の認識（埋却）に基づくものであるから、結局、ハーマンは、これらの科学的手法を否定し、したがって科学そのものの真理性を否定していることになる。もっと言うと、ハーマンは、対象の物自体としてのその不可知性、それへの接近不可能性を主張しているのである。

ハーマンの対象指向存在論の中心概念である対象は、内的な構造を有している。その構造は、実在的対象（Real Object）、感覚的対象（Sensual Object）、実在的性質（Real Qualities）、感覚的性質（Sensual Qualities）の四つの極からなる四方構造（Fourfold Structure）である。すべての対象は、それぞれこれら四つの極からなる四方構造を構成している。例えば、対象が一匹の犬の場合、その犬の実在的対象、その犬の感覚的対象、その犬の実在的性質、その犬の感覚的性質がある。

対象指向存在論は、これら四つの極の存在を認めるのであるが、例えば経験論は、これらの内で感覚的性質だけが存在する世界しか認めないし、科学的自然主義、科学的実在論は、意識のうちにあるクオリアを軽視して、実在的性質のみが存在すると見なし、フッサールの現象学は、「意識による可能的観察の外部に実在的対象は存在せず、対象の形相的性質と感覚的性質もまた、いずれもつねに意識から派生するもの」（Q. 221-222）であるので、感覚的対象を第一義的な存在とする。また、タレスやアナクシメネス、デモクリトスなどのソクラテス以前の自然哲学者たちは、「実在的対象だけを、第一義的な実在として認める哲学」（Q. 222）なのである。

ハーマンは、「実在的対象と実在的性質はそれら自身において存在しているが、感覚的対象と感覚的性質は、人間的であれその他のものであれ、ある実在的な対象の関係項としてのみ存在する」[19]と言い、実在的対象と実在的性質は、人間の意識から独立に存在しているが、感覚的対象と感覚的性質は、人間の意識に対して現れるものであると考えている。この感覚的対象・性質と実在的対象・性質は、ドレイファス／テイラーの知覚的世界と物理的世界に対応している。

実在的対象は常に隠れており、私たちは「実在的対象には決して触れることができない」（Q. 119）だけではなく、「実在的対象同士が直接結び付けられることは決してない」（Q. 201）のであり、「それが出会うあらゆるものから自立して」（Q. 79）おり、たとえ「感覚を有する全存在者が私とともに破壊されようとも」（同前）存在しつづけるのである。これに対して、感覚的対象は、経験の内にしか存在せず、「私が寝たり死んだりして眼を閉じれば蒸発してしまう」（同前）のであり、「つねに経験の内にあって自らの性質の背後に隠れたりすることはない」（同前）。私たちは、「感覚的対象にはつねに触れている」（Q. 119）のであるが、その際、私たち自身は、感覚的対象としての「私」ではなく、実在的対象としての「私」なのである。実在的対象としての私は、実在的対象としての諸対象には触れることはできないが、感覚的対象には直接触れているのである。

以上、ハーマンの対象について簡単であるが、その核となる論点を述べたが、ここからハーマンの対象自体の物自体としての不可知性、対象相互の直接的な因果関係の不可能性とそれに代わる代替因果（vicarious causation）の理論などが展開されることになる。

4. マウリツィオ・フェラーリスの新実在論

「新実在論（New Realism）」という名称は、二〇一一年の六月二三日一三時三〇分にフェラーリスとマルクス・ガブリエルがナポリのジェンナーロ・セッラ通り二九番地のレストラン「アル・ヴィナッチオロ」で会った時に、ボンでの現代哲学の国際会議を計画していたガブリエルからその会議の適切なタイトルを聞かれてそれに「新実在論」と答えたことに発しているということである（Intro.2, Mani. xiii）。もっとも、ガブリエルの方は、その提案をしたのは、自分であると言っている[20]。ただ、フェラーリスも認めているように、「新実在論」という名称は会議のタイトルであったので、「新実在論は、「私自身の理論」ではまったくないし、特定の哲学的潮流でもなく、またそれは思想の「共通語」でさえない」（Mani. xiii）と断っていて、二〇世紀初頭にアメリカで起こった「新実在論」の一団とは違って、共通の哲学思想のコアがあるわけではない。それ故にフェラーリスは、「宣言」という形態を取ったと言う。すなわちマルクスとエンゲルスが、「一つの妖怪がヨーロッパをさまよっている」と言った時、彼らが目指したのは、「彼らがコミュニズムを発見したことを全世界に知らせることではなく、むしろコミュニストが多様であることを確認することであった」（Mani. xiv）からであると言う。この点は、ガブリエルも同様であって、「「新しい実在論（Neue Realismus）」は、いわゆる「ポストモダン」以後の時代を特徴づける哲学的立場[21]」をあらわしていると言って、彼の展開する哲学も「新実在論」であると語っている。

フェラーリスは、世紀の変わり目において実在論が復活・再生してきた経緯として、①言語論的転回の終焉、②知覚への回帰、③存在論的転回の三つを挙げる。

①言語論的転回の終焉は、構築主義や概念的スキームによる経験の枠組みの付与という考えから、経験そのものの重要性への移行であり、ヒラリー・パトナムの内（在）的実在論から常識的実在論（自然な実在論）への転換やウンベルト・エーコの経験の重要性についての強調に表れており、若い世代による思弁的実在論の展開に表れている。

②知覚への回帰は、ポストモダニズムにおいて頂点に達した哲学的超越論主義によって伝統的に無視されてきた知覚への注目によって、「外的世界、概念的図式を超えてそれらから独立に存在している実在への新しい展望」（Mani. 18）を開き、「単なる反省によって我々を囲む対象の色を変えたり、視覚的なイリュージョンを正したりすることは我々には不可能である」（同前）ことに注目することによって、知覚経験の修正不可能性（unamendability）、

抵抗（resistance）を明らかにしたことである。

③存在論的転回とは、分析哲学と大陸哲学の両方における存在の学としての存在論の復権である。カントは、「哲学が対象（今では科学に適切な）を扱うことを止めねばならず――「純粋悟性の分析論という控えめな表題」のもとに――これらの対象を知る可能性の条件を探究するために、「存在論という誇り高い名前」（カント『純粋理性批判』B.303）を放棄しなければならないと要求して、存在論にさよならを言った」（Mani.18-9）が、今や、知覚から社会まで、自然科学に必ずしも従属しない探究領域を構成している諸対象の多様性の学としての存在論が、例えば、グレアム・ハーマンやレヴィ・ブライアントなどのオブジェクト指向存在論（Object-Oriented Ontology）に見られる探究がある。

フェラーリスの新実在論は、以下の六点によって特徴づけられる。

①修正不可能性：「もし私が火を見ていて、それが酸化現象、フロジストンの働きの現象、燃素の働きの現象と考えることはできるが、もし私の手を火の中に置いたならば、（耐火手袋をはめないかぎり）火傷をせざるをえない」（Mani. 36）。また、知覚の錯覚において、我々はいかなる矯正手段ももたない。「水に浸けられた棒は、それが実際に折れているので折れて見えるということではなく、水に浸けられた棒は、折れていないことを我々が知っている

のにもかかわらず、我々はそれを折れていると見ることしか出来ない」(Intro. 39) のである。

②存在論と認識論の区別：「水が H_2O であることを知るためには、私は言語、図式、カテゴリーを必要とするが、水が H_2O であることは、私の持つどのような知識からもまったく独立している。化学の誕生前にも、地球から我々が消滅しても、水は H_2O である」(Mani.19)。フェラーリスは、実在性を「認識論的実在性」(ε-reality) と「存在論的実在性」(ω-reality) の二種類に分ける。前者は、ドイツ語で Realität と呼ばれるものであり、「存在するものについて我々が知っている (と考える) ものに関係する実在性」(Intro. 41) であり、後者は、ドイツ語で Wirklichkeit と呼ばれるもので、「われわれがそれを知っていようがいなかろうが、存在するものに関係し、抵抗 (修正不可能性) として肯定性としてそれ自身を示すもの」(同前) であり、「外的世界 (external world)」(Intro. 42) である。

③相互作用 (interaction)：犬や猫、ハエはわれわれとは違った概念的スキームや知覚機構をもっているが、われわれはそれらと相互作用している。「人間や犬、虫、植物、あるいはスリッパも含めた様々な存在が、表象やスキームを彼らが共有していることとは無関係に、互いに相互作用することが出来る」し、「この相互作用はそれが共有する世界において生じる (神的な介入に訴えることによってよりもこのようにしてそれを説明する方がはるかに容易であ

る）ゆえに可能である」（Intro. 45）のである。
④アフォーダンス：事物、実在は、互いに相互作用する。その相互作用は、抵抗のような否定性だけではなく、という肯定性の相互作用を行う。「与えること」「提供すること」を意味するアフォーダンス（affordance）とまることをアフォードするのである。椅子はわれわれに座ることを、そして猫にはその上で丸まることをアフォードするのである。アフォーダンス概念は、J・J・ギブソンの『生態学的知覚論――ヒトの知覚世界を探る』において中心的な理論として展開されたが、フェラーリスは、フィヒテにおいてもすでに「実在的なものの誘発性（Aufforderungscharakter）」（Intro.127）として語られていたと指摘している。
⑤環境：フェラーリスは、マルクス・ガブリエルの「存在することは意味の場に存在することである」のテーゼに対し、「存在することは一つの環境に存在することである」というテーゼを対置する。ガブリエルにおいては、例えば「ハリー・ポッターが幻想文学の意味の場に存在し、原子が物理学の場に存在しているということを意味している」（Intro. 54）が、ガブリエルにとって唯一存在しない意味のすべての場の総計として理解された世界が存在しないのは、「意味のすべての場の意味の場（すなわち、絶対的な）は、存在しない」からである。しかしフェラーリスにとって、存在論を意味の場に依存させるガブリエルの存在論

は、「認識論ではないとしても少なくとも主観性に結びつけられた何かに依存させる」ものであり、「弱められたものであるとはいえ、超越論的誤謬〔＝認識論と存在論の混同〕のヴァージョンを再提出している」（同前）ものである。動物たちにとって、原子やハリー・ポッターのようなキャラクターが存在する意味の場が存在すると主張することは困難であるが、「その死が（動物にとっても人間にとっても）「意味の場」に差し入れられることがほとんどできないとしても、食肉処理場での死の存在を排除することは（倫理的な観点からも）問題なのである」（Intro. 54-5）。「意味の場は、環境の中にあり、頭の中にはない。それはアフォーダンスの中にあり、概念の中にはない」（Intro. 55）のである。

⑥ドキュメンタリティの理論としての社会的存在論（social ontology）：フェラーリスは、もともと解釈学のガダマーや脱構築の思想家デリダの影響のもとで思想形成を行ってきたが、先にも見たように「存在が言語である」というガダマーや、「テクストの外には何もない」というデリダに納得がいかなかった。ガダマーは「理解されることが出来るのは言語である」と言うが、フェラーリスは「あそこにあるヴェズーヴィオ山は言語であろうか」（Intro. 4）と疑問を投げかけ、「私の師デリダが「テクストの外には何もない」と書いたとき、彼は、心臓の鼓動や息継ぎも社会的に構築されているということを意味していた。そのようなテー

ゼは、行き過ぎである」（Intro. 7）と批判した。このガダマーとデリダの構築主義は、カントの「概念なしの直観は盲目である」（カント、前掲書、一二四頁、B. 75）という構築主義（constructivism）とともに、その適用領域を限定しなければならないというのが、フェラーリスの考えであり、彼の新実在論の根本的なテーゼである。

フェラーリスは、認識の諸対象の領域を三つに区別する。（a）主観から独立して空間と時間のなかに実在する自然的対象（natural objects）、（b）主観に依存して空間と時間のなかに実在する「結婚」や「葬儀」、「株式市場」や「民主主義」のような社会的対象（social objects）、（c）主観から独立して空間と時間の外に実在する「数」や「定理」のような観念的対象（ideal objects）である。フェラーリスは、この観念的対象を世界の外にある永遠の対象であって、プラトンのイデア的存在と考えている。

自然的対象については、認識論は「認識から独立して存在している何かを単に認めること によって、純粋に再構築的（reconstructive）な機能を果たす」（Mani. 59）のに対し、社会的対象については、認識論は「知識のある量が社会的世界のなかで生きるために必要であるという意味と、社会的世界においては、新しい対象は、純粋に承認的（自然的対象についてそうであるように）ではなくパーフォマティブな操作によって（例えば立法的な活動を通して）

産み出されることが明らかであるという意味で、構成的（constitutive）な価値を持っている」（同前）のであり、社会的対象は人間による構築によって生み出されるのである。

フェラーリスは、デリダの強いテクスト主義「テクストの外には何もない」（デリダの『グラマトロジー』では、Il n'y a pas de hors-texte. であるが、フェラーリスは、文字通り There is no outside-text. と解するのではなく、There is nothing outside the text. と解していると注〈Mani. 96〉で断っている）を、弱いテクスト主義「テクストの外には社会的な何もない」へと代えて、穏健な構築主義を展開する。自然的世界はテクストに依存せずに存在しているが、社会的世界はテクストなしには、ライティング（エクリチュール）なしには存在しないと言うのである。社会的対象は、文書によって、ドキュメントによって構成されていると言うのである。フェラーリスは、ここに実在論者と構築主義者の「永遠平和条約」が成立すると宣言する。自然的対象については構築主義は成立しないが、社会的対象においては構築主義のもとにあるとの棲み分けが成立していると言うのである。

フェラーリスは、ここでマルクスの『フォイエルバッハに関するテーゼ』第一テーゼの「フォイエルバッハは、思惟対象から実在的に区別された感覚的な対象を欲する、しかし彼は、人間の活動性それ自身を客観的な活動性として考えない」の重要性を指摘する。フェラーリスの考えでは、社会的対象を構成するのは、「対象＝刻み込まれた行為（Object=Inscribed Act）」である。すなわち「社会的対象は、紙の一片に、あるいはコンピュータ・ファイルに、あるいはその行為のなかに含まれる人々の心の中だけであっても記録されることによって記述された社会的活動（少なくとも二人の人、あるいは、権限を委任された機械と人を含むような）の結果である」（Mani. 55）。そこでフェラーリスは、ドキュメンタリティ、すなわち少なくとも二人の人、あるいは人とコンピュータのような機械の間で交わされる行為の記録が社会的対象を構成すると見る。

社会は、ポストモダニズムが言うような液状で儚い存在ではなく、ドキュメンタリティという刻印として客観性の次元に接近する固定性をもっている。「社会は、机や椅子よりもよりしばしば堅固でありえ、我々の生活のすべての幸福と不幸が依存する契約、賭け、貨幣、パスポートなどのような対象から作られている」（Mani. 56）のである。

以上見てきたフェラーリスの新実在論は、認識論と存在論との区別、感覚知覚経験の修正不可能性、自然的対象についての構築主義批判、概念的スキームや知覚機構を越えて諸事物が互いに抵抗しあい誘発（アフォーダンス）しあっているという相互作用論、ドキュメンタリティの理論としての社会的存在論などからなっているが、この実在論は、感覚知覚理論において素朴実在論の立場をとっている。

フェラーリスは、パオロ・ボッツィ（Paolo Bozzi）の「素朴物理学（naive physics）」の立場をとり、「世界は、科学的に真であるという根拠を必ずしも要求することなく、われわれに実在的なものと提示される」（Intro. 40）のであり、この実在論は、「われわれから独立の秩序づけられた意味を持つ世界を想定する形而上学的な実在論とは無関係である」[22]と言う。すなわち、この実在論の素朴さとは、経験の理論であって、経験としての現象を救うことであり、トマス・リードの常識哲学に属するものであって、科学的実在論や形而上学的な実在論ではないのである。したがってフェラーリスの新実在論は、ヒラリー・パトナムの「自然な実在論（natural realism）」の立場と相似しているが、その力点は、知覚経験の抵抗、その修正不可能性にある。われわれの知識や概念的スキームに抵抗し、我々の存在から独立した感覚で捉えられる世界それ自身の実在性を強調する。「我々の期待に反する世界の抵抗と、世界が我々に保持する意外性（surprises）は、どんな認識論的な構築からも独立した存在論的な実在性があると証明する優れた議論であるように見える。要するに、我々は親密に脱構築的な実在性のなかに住んでいるので、私は実在論よりもより一層脱構築的な何ものも存在しないと信じている」（Intro. 10）というのがフェラーリスの実在論の立場である。実在は我々の認識を否定的に脱構築すると言うのである。

パトナムは、デカルトやロックなどの近代哲学において想定されてきた知覚が外的世界の因果的な作用によって生じるという「知覚の因果説」に反対するが、フェラーリスは、「思惟から独立した実在の部分が存在しているだけではなく、これらの部分がまた思惟と人間的世界に因果的に働くことが出来る」（Intro. 12）と言って、「知覚の因果説」を積極的に認めている。「もし実在論者が主観に依存しない世界の部分が存在するということを主張する者であれば、新実在論者はより一層挑戦的な何かを主張する。コギトから独立に世界の多くの部分があるだけではなく、それらの部分は本来的に構造化されており、したがって動物と同様人間の行動や思考を方向付ける」（Intro. 37）と言うのである。外的世界は、我々に先行して構造化されて存在し、抵抗し、相互作用し、修正不可能な仕方で因果的に作用するのである。「世界の事物は、我々に因果的に（したがって先行存在し、抵抗し、相互作用する仕方で、そして修正不可能な仕方で）作用する。そして我々はその場合世界の中の事物である」（Intro. 124）。

注

（1）Maurizio Ferraris, *Manifesto of New Realism*, translated by Sarah De Sanctis, State University of New York Press, 2014, p.xiii. 本書からの引用は、本文中に Mani. の後にアラビア数字でその頁数を

記す。

（2）Manuel DeLanda and Graham Harman, *The Rise of Realism*, Polity Press, 2017, p.3.

（3）Friedrich Nietzsche. *Der Wille zur Machat, Versuch einer Umwertung aller Werte*, Sämtliche Werke in Kröners Taschenausgabe, 9, 1964. ニーチェ『権力への意志』（下）原佑訳、ちくま学芸文庫、二〇〇六年、断章四八一。

（4）Graham Harman, *Tool Being, Heidegger and the Metaphysics of Objects*, Open Court Publishing, 2002.

（5）Manuel DeLanda, *Intensive Science and Virtual Philosophy*, Bloomsbury Academic. 2002.

（6）*The Speculative Turn: Continental Materialism and Realism*, Edited by Levi Bryant, Nick Srnicek and Graham Harman, re. press Melbourne 2011, p.2.

（7）Maurizio Ferraris, *Introduction to New Realism*, translated by Sarah De Sanctis, with a Foreword by Iain Hamilton Grant, Bloomsbury, 2015, p.2. 本書からの引用は、本文中にIntro. の後にアラビア数字でその頁数を記す。

（8）Hilary Putnam, *The threefold cord : mind, body, and world*, New York: Columbia University Press, 1999. ヒラリー・パトナム『心・身体・世界―三つの撚りの綱／自然な実在論―』野本和幸監訳、関口浩喜・渡辺大地・入江さつき・岩沢宏和訳、法政大学出版局、二〇〇五年、六一頁。

（9）Hubert Dreyfus & Charles Taylor, ***RETRIEVING REALISM***, Harvard University Press, 2015. ヒューバート・ドレイファス／チャールズ・テイラー『実在論を立て直す』村田純一監訳、染谷昌義・植村玄輝・宮原克典訳、法政大学出版局、二〇一六年。本書からの引用は、本文中にDT. の後にアラビア数字で翻訳書の頁数を示す。

(10) Graham Harman, *Quentin Meillassoux: Philosophy in the Making*, 2nd Edition, Edinburgh University Press, 2015, p.99.

(11) エンゲルス『ルードウィッヒ・フォイエルバッハとドイツ古典哲学の終結』マルクス・エンゲルス全集二一巻、大月書店、一九九一年、二七九～二八〇頁。

(12) Quentin Meillassoux, *Après la Finitude: Essai sur la necessité de la contingence*, Seuil, 2006, p.62. カンタン・メイヤスー『有限性の後で　偶然性の必然性についての試論』千葉雅也・大橋完太郎・星野太訳、人文書院、二〇一六年、六七頁。ただし本章での本書の訳文は筆者のものであるが、ancestral と factualité の訳語「祖先以前的」「事実論性」は、翻訳本に負っている。なお、本書からの引用文は、本文中に AF. の後に、原著はアラビア数字で、翻訳は漢数字で記す。

(13) レーニン『唯物論と経験批判論（一）』寺沢恒信訳、大月書店、一九六六年、八四～八五頁。

(14) Graham Harman, *Quentin Meillassoux: Philosophy in the Making*, p.82.

(15) Graham Harman, *L'objet quadruple: Une métaphysique des choses après Heidegger*, Paris: PUF, 2010. Original English text published as *The Quadruple Object* (2011).『四方対象：オブジェクト指向存在論入門』岡嶋隆佑監訳、山下智弘・鈴木優花・石井雅巳訳、人文書院、二〇一七年、一〇〇～一〇一頁。本書からの引用は本文中に、Q. の後に翻訳書の頁数を記す。

(16) ハイデガー『存在と時間』原佑・渡辺二郎訳、中央公論社・世界の名著74、一九八〇年、一五九頁。

(17) Graham Harman, *Tool Being, Heidegger and the Metaphysics of Objects*, p.1.

(18) Graham Harman, *Object-Oriented Ontology: A New Theory of Everything*, PELICAN BOOKS, 2018,

p.41.

（19）op.cit., p.80.

（20）Markus Gabriel, *Warum es die Welt nicht gibt*, Berlin: Ullstein, 2015, s.10. マルクス・ガブリエル『なぜ世界は存在しないのか』清水一浩訳、講談社選書メチエ、二〇一八年、八〜九頁。

（21）Markus Gabriel, op.cit., pp.9-10. マルクス・ガブリエル、前掲書、八頁。

（22）Maurizio Ferraris, 'Why Perception Matters', Phenomenology and Mind 4, 2013, p.43. https://oaj.fupress.net/index.php/pam/article/view/7105/7085

第8章　哲学はなんの役に立つのか——哲学の役割

「哲学はなんの役に立つのか」という、哲学を専門研究としてきた者にとっていささか棘のあるテーマでの特集が「日本の科学者」二〇一二年二月号で組まれ、これまで日本の哲学界で旺盛な研究を展開してこられた五名の哲学研究者がこの問いに答える論文を寄せられた。科学の自主的総合的な発展を求め、科学を平和な社会に生かすことを目的に活動してきた総合的学際的な学会である日本科学者会議の機関誌が、この時期、このような哲学の存在意義を問うテーマでの特集を組んだということは、一方で今日多くの問題を抱えた社会における哲学に対する期待とともに、それに十分応えていない哲学に対する不審の念の表明でもあるように思う。哲学に対する期待の高まりとともに、哲学がいったいどのような役割を果たしてくれるのかという問い、もしかして、もはや哲学に役割などないのではないかという疑問である。

この問いは単に、科学者の立場から現実の社会問題に取り組んできた一学会の発する問いではなく、今日の日本社会に生きる人々の問いかけでもあるであろう。哲学とは、いかなる学問か、いったい哲学は今日の社会においていかなる存在意義を持っているのか。それは、哲学を研究している者のすべてが答えなければならない問いであり、哲学に手を染めてきた筆者としても避けることのできない問いである。

そこでこの問いを考える上で、まず、筆者の眼であえて対立点を際立たせる仕方で特集に寄せられた論文から窺える五人の哲学観を整理してみたい。五名の哲学者は、この問いに哲学者としてそれぞれの立場から哲学の存在証明を展開して答えている。それは、現実の問題と切り結んで哲学的営為が多様な場面で展開されているという哲学の存在証明である。しかしそのなかでも、五名の回答には、それぞれ立場、焦点の絞り方、力点の違いがあり、根本的な差異も見て取れるように思えるのである。

1．哲学はなんの役に立つのか

(1) 世界観としての哲学

特集全体を統括している島崎隆氏は、「特集まえがき」(1)で、先頃ブームになったマイケル・

サンデルの「白熱教室」、一九九五年頃の『ソフィーの世界』などの哲学ブームなどについて、また近年、環境倫理や生命倫理、企業倫理や情報倫理など、現代社会の孕むさまざまな倫理問題を扱う応用倫理の諸議論が盛り上がっており、社会の注目を浴びていることに対し、少し冷淡な態度でこれを見ている。「これらのブームについていえば、哲学が経験的な事実や現象を直接に扱うのではなく、そのより深い解明のために世界観、原理、方法、人間のあり方などをあえて問うて、そこから改めて現実問題に向かうものである以上、上滑りの流行やブームは本当の哲学ではない」と言って、オーソドックスな哲学の王道を次のように説いている。哲学は、「自然・社会・人間のありようを総合的に追求する世界観」であり、それを前提に、いかに行動すべきかという倫理や道徳、さらに価値論と、いかに現実を認識して批判すべきかという方法論（論理学、認識論、弁証法）から成り立つ学問であるというのである。

この世界観としての哲学という根源学を前提にしてさまざまな問題領域に関する哲学的考察が位置づけられるべきであるという哲学観は、高田純氏のものでもある。高田氏は、科学・技術の発展による自然や人間の生命や身体に対する介入、操作が大幅に可能となり、その結果、深刻な自然破壊や環境問題を引き起こし、人間の生と死の生命操作に関わる倫理問題を現出させた結果、環境倫理学や生命倫理学が活況を呈しているが、これらの学問には応用倫理学という狭さがあり、両倫理学は統一的に考察されるとともに、より根源的な哲学の立場から総合的にアプローチされるべきであると見る。

人間の自然に対する関係と、自分の生命や身体に対する関係とを統一したものとして理解するためには、世界観に改めて注目する必要がある。哲学史においては、哲学は世界観として世界全体のあり方、世界における人間の位置、世界に対する人間の認識上、実践上の関係を考察してきた。倫理学は世界に対する人間の評価的関係を主題とする。世界観は自然観と社会観を含み、さらに人間観とも結合している。(2)

高田氏は、ヘーゲル以降、この自然と社会、人間を含む体系的な世界観哲学の道は追求されることなく、諸科学の専門化によって世界認識は断片化し、他方で価値は事実認識から切り離されて個々人の欲求や感情へと還元されることになり、科学を基礎とする世界観は閉ざされ、普遍的な価値観の成立は否定的に見られてきたという現実を前にしながらも、再度、「世界観のなかで、自然における人間の生命の位置を確認したうえで、自然と自分の生命に対する人間の実践的、倫理的関係を問う必要がある」として、この世界観としての哲学の必要性、不可欠性を宣言している。

（2）批評としての哲学

これに対して、石井潔氏は、世界観の哲学を否定し、批評、「クリティシズムとしての哲学」を対置する。石井氏は、哲学がまず最初に、真理に至る明証的な方法を彫琢し、世界観を確立した上で自然や社会という世界の認識に向かうというのは、デカルト的な主観主義の幻想に過ぎないと言う。「哲学に「方法」や「世界観」を求める人々の前提には、われわれが対象としての現実から独立に判断を下す「自由」をもつ「主体」であるというデカルト主義的な幻想がある」[3]と指摘し、世界観は、「対象についての客観的認識との関係に基づく「批評」が不可欠」[4]であると見る。「批評」とは、クリティシズム、批判ということで、「分けること＝境界線を引くこと」を意味し、境界線を引いていくこと、真と偽を分けていくという実践であって、この実践があるだけであって、その外に方法や世界観があるわけではないのである。カントの仕事が「批判」であったのは、これに基づいていたからであって、経験的に認識できるものとできないものの間、道徳と幸福の間、規定的判断力と反省的判断力との間などに、境界線を引くという実践がカントの哲学であったと言い、戸坂潤の哲学もまた客観的認識に基づき正しい実践へと導く生き生きとした「世界観」をもたらす「クリティシズムとしての哲学」であったと言う。正しい世界観は、客観的認識に至る批評的実践に基づいてこそ得られるものであると言うのである。

（３）社会規範としての哲学

以上の「世界観としての哲学」と「批評としての哲学」が、哲学のあり方に関わる提起であったのに対し、「社会規範としての哲学」は、社会や国家、個人などのあるべきあり方に関わる哲学的理論の提起である。碓井敏正氏は、プラトン、アリストテレス以来の人間社会の理想的なあり方に関する規範哲学、政治哲学の領域で、重要な理論提起を行ったジョン・ロールズ『正義論』（一九七一年）の意義を高く評価する。ロールズの正義論は、個人の自由と社会的な平等、そして個々人相互の博愛の理念をいかに接合してあるべき社会のあり方を構想するかを図ったものであり、哲学が現実の問題に挑戦した最たる例として挙げられる。このロールズの正義論をめぐっては、功利主義、リバタリアン、コミュニタリアン、ジェンダー論などさまざまな哲学的立場からあるべき社会のあり方をめぐってホットな論争が展開されているが、どのような哲学的立場をとるかによって、あるべき社会のあり方が根本的に異なることになり、その意味で、哲学の現実的な意義は大きいのである。

（4）応用倫理学としての哲学

現代社会は、科学技術の飛躍的な発達とその社会の全面にわたる普及によって、これまで問題にされなかったさまざまな倫理問題が生み出され、それらの問題をどのように考えるかでさまざまな応用倫理学が誕生している。本特集では、田島慶吾氏による企業倫理学の誕生とその役割についての所論が掲載されたが、応用倫理学としては、その他に、環境倫理学、生命倫理学、情報倫理学、研究者倫理学、技術者倫理学、スポーツ倫理学など広汎にわたっている。倫理学は、社会のなかでの個々人の行為や心のあり方の善悪を問う哲学部門として古来探求されてきたのであるが、「哲学はなんの役に立つのか」ということでは、この領域での哲学の役割は今も健在であって、その重要性は増していると言えるのである。

（5）人格形成としての哲学

島崎隆氏は「哲学は教育にどう役立つのか」で、教育という人間形成の過程において、哲学の重要性を指摘する。日本における大学までの教育が、考えることよりも憶えること、暗記することに重点が置かれる受験勉強体制になっているのに対して、ヨーロッパのオーストリアでは、宗教教育や哲学教育、心理学教育が高校の教科に入っており、しかも博士号取得者がこれらの科目を教えているとして、世界のなかでの人間の生き方を深く考えることのできる教育課程になっている点が紹介されている。ここで哲学教育だけではなく、宗教教育の重要性も強調されているのは、島崎氏が人格形成、人間形成における宗教教育の重要性を評価されているからであろう。ただ宗教教育について言えば、同じヨーロッパのフランスでは、公立学校における非宗教性（laïcité）原則により、オーストリアのような宗教教育は行われていないし、日本でどのような宗教教育があり得るのかについては、論議のあるところであろう。しかし哲学教育では、フランスでも高等学校において多くの時間をとって行われており、バカロレア（高校卒業資格試験＝大学入学資格試験）では、第一時限目に、理工系生徒も含め全員に四時間の論述試験が課せられており、日本の現状とはあまりにも大きな違いがある。教育に哲学教育は欠かせないし、生徒や学生の世界や人生について考える力を養うには、必須の教科と言える。実際、先頃のマイケル・サンデル白熱教室に参加している学生たちの眼は生き生きと輝いていた。日本でも、中学の道徳の時間で例えば池田昌子『14歳からの哲学』のような少年少女向けの哲学書の活用とか、高校での「倫理」科目に替えて本格的な哲学教育が求められる。

以上、「日本の科学者」二〇一二年二月号で組まれた特集「哲学はなんの役に立つのか」に寄せられた五名の哲学研究者による論文で展開されている「哲学のあり方」について、少しバイアスをつけて特徴づけてみたが、次に、この問題をどう考えるかについて、筆者なりに考えてみたい。

2. 現代において「哲学」とは何か

「哲学はなんの役に立つのか」という問いを考えようとする場合、まず明らかにしておかねばならないのは、現代において「哲学」とは何かということである。これを明確にしておかなくて、その役割についての問いに答えることはできないからである。ただ、もちろん、現代において「哲学」とは何かを明確に規定することは簡単ではない。それを断ったうえで敢えてこの点についても考えていきたい。

高田氏は、ヘーゲル以降、自然と社会、人間を含む体系的な世界観哲学の追求は弱められ、放棄されてきたと述べられているが、諸科学に先行してひとり哲学による世界についての全面的な知の展開が可能かどうかといえば、それは今日不可能であり、それが可能であるとは高田氏も考えていないであろう。今日、自然、社会、人間についての認識は、個々の諸科学によって、研究展開されているからである。もちろん、これらの諸科学は、個別科学であって、世界の全体的総合的な認識は、不可能であり、その総合の役割が哲学にあることは確かである。諸科学に先立ってではなく、諸科学の成果を批判的に吟味し、その中から世界についての総合的な観方を練り上げる仕事は、哲学の課題であろう。

しかし、哲学がこの諸科学の成果を批判的に吟味し、そこから総合的な世界観、世界図式を構成することについても、かつてフリードリッヒ・エンゲルスは、否定的に述べて、哲学の役割としては、「思考とその法則についての学問――形式論理学と弁証法」のみであると次のように語ったことがあった。

現代の唯物論は、本質的に弁証法的であって、他の諸科学の上に立つような哲学をもはや必要としないのである。それぞれの個別科学にたいして、事物と事物に関する知識との全体的連関のなかで自分の占める地位をはっきり理解せよという要求が提起されるやいなや、全体的連関を取り扱ういっさいの特殊な科学はよけいなものになる。そのとき、従来のすべての哲学のなかでなお独立に存続しつづけるものは、思考とその法則についての学問――形式論理学と弁証法である。そのほかのものはみな、自然と歴史についての

の実証科学に解消してしまうのである。(5)

もしわれわれが世界図式構成を、頭のなかからみちびきだすのでなく、頭をたんに媒介として現実の世界からみちびきだし、存在の諸原則を現に存在しているものからみちびきだすとすれば、そのためにわれわれが必要とするものは、哲学などではなくて、世界とこの世界に起こっている事柄とにかんする実証的な知識である。そして、そこから生まれてくるものも、やはり哲学などではなくて、実証的な科学である。……それ自体としての哲学がもはや必要でなくなるとすれば、どんな哲学体系も、自然的な哲学体系でさえも、もはや必要ではなくなる。自然過程の総体が一つの体系的な連関をなしているという洞察にうながされて、科学は、そういう体系的な連関を、個別的にも全体としても、いたるところで証明しようとつとめる。(6)

マルクスの歴史観……この歴史観は、弁証法的自然観が自然哲学をすべて無用にし不可能にするのと同じように、歴史の領域で哲学を終わらせるものである。どこでも問題は、連関を頭のなかで考えだすことではもうなくて、それを事実のなかに発見することである。こうして、自然と歴史とから追放された哲学にとってもしまだなにか残るものがあるとすれば、それは純粋な思想の領域だけである。すなわち、思考過程そのものの諸法

則についての理論、つまり論理学と弁証法である。(7)

このエンゲルスの哲学観は、しかし、少し早まった見方であると言わねばならない。思考過程そのものの諸法則についての理論研究ということでは、論理学と弁証法だけではなく、思考と存在との関係を扱う認識論が不可欠であるし、その前提である存在論、心と身体との関係を扱う心身論、さらには自由論、価値論、倫理学、規範的な社会理論、死すべき人間にとっての人生の意味など、哲学でしか扱えない多くの、しかも人間にとって根本的な諸問題が依然としてあり続けているからである。

また、世界観、世界図式構成にしても、エンゲルスは、「自然過程の総体が一つの体系的な連関をなしているという洞察にうながされて、科学は、そういう体系的な連関を、個別的にも全体としても、いたるところで証明しようとつとめる」と言って、知の総合化は、哲学ではなく科学が行いうるとするが、今日、専門化と細分化が加速している科学にそれが可能であるとは思えない。もちろん、それらの総合知、全体知が哲学に可能であるためには、哲学史の研究や哲学の文献研究に埋没している哲学ではなく、これまでの哲学知の知的遺産を踏まえた上で個別諸科学の研究領域に踏み込む哲学研究のスタイルを形成することなしには不可能であることは言うまでもない。

さらに、個別科学の知的探求の展開にしても、哲学的な知的営みがあって初めて新しい理論展開が可能になる状況があるのであり、それは、素粒子論や宇宙論、生命科学や進化論といった自然科学の領域のみならず、心理学や社会学、政治学や法学、経済学においても同様である。新しい理論展開が行われるとき、そこには必ず新しい哲学的な概念展開が契機になっているとと言えるのである。

3. 反哲学は哲学の終焉か

ところで、二〇世紀の後半において、ソクラテス、プラトン以来の西洋の哲学に対して、これを否定する「反哲学」「哲学の終焉」論が叫ばれた。一九世紀末のニーチェに発し、ハイデガーを経て、メルロ＝ポンティ、デリダ、ウィトゲンシュタインなどによる西洋の哲学批判であり、リチャード・ローティのプラグマティズムによる「哲学の脱構築」論である。

ハイデガー『哲学――それは何であるか』を基にした木田元氏の整理によれば、「哲学（フィロソフィア）」とは、一つの歴史的概念であって、その言葉は「古代ギリシアの古典時代に造られ、知のある様式を指すために使われる」(8)ようになり、今日にまで定着してきたものであるが、「インド哲学」や「中国哲学」といった呼称が、ヨーロッパ中心主義の所産であり不適切であるのと同様に、ヨーロッパの知の歴史においてさえ、ソクラテス、プラトン以前の思索家ヘラクレイトスやパルメニデスに及ぼすことは、概念の乱用になり、それは、ニーチェ以降の反哲学者たちについても同様であるという。つまり「哲学」とは、プラトンからアリストテレスを経て、中世スコラ哲学、デカルト、ロック、カントの近世哲学、そしてヘーゲル、新カント派、二〇世紀のフッサール現象学にまで及ぶ知の営みの系譜を指す言葉であって、その系譜から近代の科学技術も派生したのであるが、この「哲学」は、文化的にはきわめて特殊な知のあり方でしかなかったというのである。この哲学は、ソクラテス、プラトンに始まり、アリストテレスにおいて明確な問いとなった「存在者は何であるか」という存在者の本質を問う問いをめぐって展開されることになるが、そのことによってヘラクレイトスやパルメニデスにおけるような存在そのものを受け容れ、それに包まれ調和のうちに生きることが忘却されることになってしまったというのである。

ジェームズやデューイのプラグマティズムの立場から、哲学の脱構築、反哲学を展開するリチャード・ローティもまた「プラトン的伝統を、もはやそれが不要になった後にまで生き残ってしまったものと見る」[9]。プラグマティストは、プラトン的伝統が問題にしてきた〈真〉

や〈善〉について、それらが存在しないとか、それらについての相対主義的な理論を展開するというのではなく、ただそれらが問われる必要がないというだけであり、それは、「〈神〉について研究しても何もならないと主張する世俗主義者と同様の立場にある」(10)のであって、世俗主義者、啓蒙主義者が〈神〉の存在を問題にすること自体の重要性を否定し、神学のボキャブラリーを使うことをやめたのと同様に、プラグマティストも、真理についての実在との対応というプラトン以来の考えを一切捨て去って、「反〈哲学〉的であることによってこそまさに哲学者であることができる」(11)と考えるのである。

ローティは、デカルト、ロック、カントに由来する伝統的哲学には、「純粋に非経験的な方法によって研究することのできる巨大な鏡としての心」という認識についての描像があり、この「鏡を点検し、修復し、磨きをかけることによって、より正確な表象を手に入れようという戦略」に基づいて、フッサールやラッセルを含めて最近まで現代哲学は、「「概念分析」、「現象学的分析」、「意味の解明」、あるいは「われわれの言語の論理」や「意識の構成的活動の構造」の吟味(12)」をこととしてきたが、ようやくウィトゲンシュタインとハイデガーが、この「鏡としての心」という描像から哲学を解き放してくれたと言うのである。

デカルト、ロック、カント以来の伝統的な哲学は、「人間の活動（および探究、とりわけ知識の追求）は探究の結果に先立って取り出すことのできる枠組――アプリオリに発見可能な一組の前提――の内部で行なわれるという考え」[13]であって、哲学は他の諸科学に先だってその基礎づけを与えることができる特権的な地位を持つという哲学観であった。それは、知識にはそれに先行するアプリオリな制約が存在するという考えに基づいている。ローティは、しかし、こうした基礎づけの作業を果たすという職業的哲学者の自己イメージは、「自然の鏡」というイメージがもたらす職業的呪縛に由来するものにほかならず、「哲学者は、文化の残りの部分の主張に関して〈権利問題〉を裁定することができる、というカント的想定がなくなれば、この自己イメージは崩壊する」[14]と批判する。もはや哲学者は、「哲学的方法」「哲学的技法」「哲学的観点」といったものに依拠して、さまざまな知的文化的領域の諸問題に対して興味ある見解を示すことができると考えることをやめるべきなのである。

ただ、ローティは、「今は亡き大哲学者の著作を読破している教師が必要であるということだけで、大学が存在する限り哲学科も存続するであろうということを保証するには十分である」[15]と言うとともに、宗教が啓蒙主義によって終わらなかったし、絵画が印象主義によって終わらなかったように、哲学が「終焉」するということもないとも言う。

哲学のスタイルについてローティは、「体系的（systematic）哲学」と「啓発的（edifying）

哲学」を区別し、前者には、プラトン、アリストテレスに始まり、デカルト、ロック、カント、ヘーゲルなどの大哲学者、近いところではラッセル、フッサールがこの系譜に属する。それに対し、後者の「啓発的哲学」には、キルケゴール、ニーチェ、デューイ、ウィトゲンシュタイン、ハイデガー、デリダなどが属する。前者は、建設的（constructive）な哲学であるのに対し、後者は、皮肉やパロディー、アフォリズムを駆使して、反抗的（reactive）な哲学にとどまり、決して体系的にはなりえない哲学である。ローティは、これからの哲学は、この反抗的で啓発的な哲学でしかありえないと考えているのである。

そしてローティは、これまでの認識論やその後を継ぐ言語哲学などの基礎学を否定した上で、これからの哲学者の役割を、認識論が担ってきた「万人の共通の地盤を知っている文化の監督官（overseer）の役割」ではなく、解釈学が果たすことになる「消息通のディレッタント、多面的活動家、つまりさまざまな言説の間をとりもつソクラテス的媒介者（intermediary）の果たす役割」[16]に見る。後者の役割を果たす解釈学とは、「一つの学問を表す名でもなく、また認識論が達成しそこなったような成果を上げるための方法や研究プログラムを表す名でもない。逆に、解釈学とは、認識論の終焉によって空けられた文化的空間はこれからも満たされないであろうという希望（中略）を表明するもの」[17]であり、人々に共通の合理性や地盤の不在を前提にした上で、「学問や言説相互間の不一致は、会話が進められていくなかで調停され、乗り越えられる」[18]との希望のもとに進められていくものなのであり、たとえそれが不一致にとどまるとしても、「刺激的で実りある不一致」であると受けとめるのである。このローティの哲学者の役割観を前にして、ハーバマスは、自らの哲学者の役割論を次のように展開している。

4．ハーバマス――哲学者になにができるか

ハーバマスは、カントがニュートン物理学に対して「経験的認識一般はいかにして可能となるか」という問いに「経験の可能性のアプリオリな条件」という超越論的な説明をもって答えたことによって、認識論という新しい領野をつくり、哲学の新しい課題、使命を定義し直したと見る。これによって哲学は、「諸科学の基盤を最終的に解明し、経験可能なものはどこまでかというその限界を同じく最終的に定義しうると自負することになり、それを通じて諸科学にその位置すべき場を指示する」という「着席場所指示人〔Platzanweiser ＝座席案内係〕[19]」の役割を任じることになるとともに、法と道徳、芸術と芸術批評という文化的価値

領域にまで形式的な概念体系をかぶせることによって、文化全体の最高裁判官の役割を自任することになったが、ハーバマスは、哲学のこの二つの役割について、ローティの批判を踏まえると確かに今では疑わざるをえないと認める。ただハーバマスは、「ローティは、この二つの役割を放棄する以上、哲学は「合理性の守護者」という課題を捨て去るべきだと結論的に主張しているのだが、これには納得できない」と言い、ローティが理性要求自体を放棄することを主張するのに対し、それには反対するのである。ハーバマスは、哲学の役割を着席指定人や裁判官の役割から身を引くとしても、より謙虚な役である「代理着席者(Platzhalter)および解釈者という機能を演じることによって、その理性要求を守ることができるし、また守らねばならない」[20]と言うのである。その役割とはいかなるものであろうか、それを見ていきたい。

ハーバマスは、マルクスが哲学を止揚しようとしたのは、哲学を現実化するためであったが、現代の哲学は、哲学からの訣別を進めようとしていると言って、訣別の三つの形式、ウィトゲンシュタインの治療的形式、ハイデガーの英雄的形式、ネオ・アリストテレス主義の救済者的形式を指摘する。ウィトゲンシュタインは、「哲学そのものが病気なのであり、この病気を哲学は治癒させる」ことが課題であって、それはただ日常生活における言語ゲームを機能させることによって哲学という病から治癒することができるというものである。また、哲学からの訣別のハイデガーの英雄的形式とは、哲学史の辿ってきた誤った思考習慣、形而上学という迷誤を破砕し、至高性もしくは存在という遙か太古のものへと遡ろうとするものであり、ネオ・アリストテレス主義は、目だったかたちであらわれてはいないが、アリストテレスなどの古典思想家の教えを現在に蘇らせようとするとき、それを悟りや覚醒を与えてくれるものとしてのみ扱おうとするものであると指摘する。

そしてハーバマスは、これら三つの哲学は、諸科学を基礎づけるのではなく、むしろ諸科学に対抗して自分たちの思考のための場を確保し、「哲学と学問との間に役割分担をしようとするものである」(21)が、それは、ヤスパースやサルトルなど実存主義者が主張したように、諸科学に対抗して哲学的信仰、生、自由を設定しようとした「哲学と科学の分業体制」と同じものであると断言する。

ハーバマスは、この哲学と諸科学との分業体制、役割分担には、それがとうてい機能しないと言って反対する。哲学は、諸科学から離れたままでいることは決してできないのであって、諸科学のなかには哲学的な思考を起爆力にしている理論が多く見られるからである。例えば、マルクス主義とフロイトの精神分析がそうであり、社会科学や心理学の開拓者的な理論家であるデュルケーム、G・H・ミード、マクス・ヴェーバー、ピアジェ、チョムスキーなどがそうであると言う。「抑圧が徴候を生み出す機能〔フロイト〕、聖なるものが連帯を生み出す機能〔デュルケーム〕、役割引き受けがアイデンティティを生み出す機能〔ミード〕、社会的合理化としての近代化〔マクス・ヴェーバー〕、行為の反省的抽象化の帰結としての脱中心化〔ピアジェ〕、仮説形成的活動としての言語習得〔チョムスキー〕――こうしたキーワードのどれを見ても、それらは、哲学的な展開の可能な思想であると同時に、経験的研究の可能な、しかも普遍主義的な問題設定をも意味している」[22]。哲学は、諸科学に対して着席指示人（Platzanweiser）の役を演じることはできないが、人間諸科学のいくつかの学問分野に対しては着席場所確保係り（Platzhalter）を演じることはできるのではないかとハーバマスは考える。この着席場所確保係りは、「強く普遍主義的な自負を掲げつつ、経験に関わる理論のための場を確保する」[23]と言うのである。

諸科学に対する哲学の役割をこのように見るハーバマスは、文化全体に対しても、裁判官の役割を放棄し、学問、道徳、芸術の各文化的諸領域は自律化していき、根拠づけや正当化を必要としなくなったが、これらの切り離された各領域をいかにして媒介し、全体化し、統一するかという課題は残ると言う。そして、その課題は、専門家の文化の側ではなく、生活世界の対話的な日常実践においてこそ、追求されるものであると見る。

哲学が文化の総取締りとしての裁判官の役を放棄し、媒介を行う解釈者〔通訳者〕になろうとするなら、どんな問題に取り組むことになるかを、確認することはできよう。その問題とは、学問、道徳、芸術という価値領域がエキスパートの文化として閉鎖的になってしまっているのを、どのようにしたら開くことができるか、しかもその際に、そうした価値領域のもつ強固な合理性を損傷することなく、どのようにして生活世界の貧困化してしまった伝統に接続させ、分解してしまった理性の諸契機が対話的な日常の実践において再び新たな均衡関係に達するようにできるか――こうした問題である(24)。ただ、ハーバマスのこの課題が、生活世界においていかにして実現するかは、筆者には定かには見ることはできない。

5. 哲学の役割

科学技術の止めどない発展と、生活を直撃する経済の動きに翻弄される現代社会において、法や政治がどのように機能し、道徳や倫理がどのような役割を果たすかについて行き届いた整理を展開しているアンドレ・コント＝スポンヴィルの『資本主義に徳はあるか』(25)の内容を紹介し、併せて哲学の役割について考えて本章を終えることにしたい。

コント＝スポンヴィルは、私たちの世界には、四つの秩序があり、この秩序を区別し、それぞれの秩序の役割を遵守することが私たち人間世界のあるべきあり方にとって不可欠であると主張する。

その四つの秩序とは、①経済－技術－科学の秩序、②法－政治の秩序、③道徳の秩序、④倫理の秩序であり、スポンヴィル自身は、信じないとしているが、その他に⑤信仰の秩序が考えられるとしている。

①経済－技術－科学の秩序では、たとえば生命科学の領域では、人間の遺伝的形質を左右する生殖細胞に対する遺伝子操作やヒト・クローン産生の是非について、生物学は何も答えてくれない。それはこの問いが生物学に属さないからである。生物学には、可能なものと不可能なものの境界を変化させることができるし、これは生物学に限らず科学－技術一般がこれに相当するが、これに制限をかけるのは生物学あるいは科学－技術一般ではなく、これらの外側からでしかないのである。核兵器の禁止は、核物理学からは出てこないのである。それは、経済についても言えることで、売買や市場のシステムの動きの是非を問題とすること、

経済のメカニズムの動きに制限を課することは、経済のメカニズムに属するのではなく、あくまでそれの外側からであると言う。たとえば、数千万人の生活を貧困の下限以下に下降させるカカオ相場の水準の下限を定めることは、経済からは出てこないのである。

この①の秩序に制限をかけることができるのは、②法‐政治の秩序である。技術的に可能となっている生殖細胞への遺伝子操作に制限を設けることができるのは、法‐政治の秩序である。この秩序は、合法と違法という対立軸で内的に構造化されており、法の範囲内ですべては許されることになる。しかし法の範囲内であっても、許されないこともあるが、それを制限することはこの秩序からは出てこない。スポンヴィルは、この法‐政治の秩序に、制限を課する必要性の理由を二つあげる。一つは、個人的な理由で、ある人が国家の法をしっかり守り、法に反することは少しも行わないならば、法に触れない範囲で嘘をついたり、利己主義や意地悪な行為を行う場合、すなわち「合法的な卑劣漢」である場合であっても、これを咎めることはできず、その制限はその外側からしか課することができないからである。もう一つの理由は、法と政治は、ルソーの主権者の意志は全能であることから、どのような「悪法」についても、民主主義に対する民主主義内部での制約は存在せず、それに制限を課するためには、その外側からしか可能でないからである。

この②の秩序に制限を課するのは、③道徳の秩序である。「私たちが個人としては合法的な卑劣漢である権利をもたず、人民が集団としてはあらゆる権利をもたないのは、法‐政治的な理由によるのではなく、道徳的な理由による」(26)。

主権者は全能ではなく、法と政治の秩序の外に制限を持っている。「フランスの人民が、太陽が地球の周りを回っているとか人間たちは権利上も尊厳の点でも平等でないということを「主観者として」決定してみても、だからといって（前者では）その逆が真理であることも、（後者では）その逆が正義であるということにもなんの変化も生じ(27)」ないのである。②の秩序は、①の秩序とともに③の秩序によって制限されている。真偽も善悪も投票で決まるものではないのである。

この③道徳の秩序は、「善と悪、義務と禁止という対立軸によって、内的に構造化(28)」されており、行わなければならないこと＝肯定的義務と行ってはならないこと＝否定的義務とからなっている。この道徳の秩序も、しかし制限される必要があるとスポンヴィルは言う。それは、いつでも義務を果たしているが、義務しか果たさない人＝「パリサイ人」がいるからである。

③の道徳の秩序を越え、それを制限するものは、④倫理の秩序あるいは愛の秩序である。

る。スポンヴィルは、道徳と倫理の違いを、道徳が「義務から行われるいっさいのこと」であるのに対し、倫理は「愛から行われるいっさいのこと」であり、愛は義務ではないと言う。「義務から愛する」ということはありえないのである。この愛と義務は、ほとんどの場合、同じ行為へと向かわせるために、愛が義務を制限するというのではなく、愛の秩序、倫理の秩序は、道徳の秩序を補完し、上からあける役割を果たすとスポンヴィルは言う。

この秩序もまた制限され、補完される必要があるかどうかという問題について、信仰を持つ人の場合は、「超自然的な秩序」「聖なる秩序」とも呼べる第五の秩序が考えられるだろうが、スポンヴィル自身はこの第五の秩序を否定する。なぜなら愛に制限を課する必要があるとは考えられないからである。無限の愛は、われわれ人間には不可能なのである。

このコント＝スポンヴィルの四つの秩序において、哲学はどこに位置しているのであろうか。哲学はいかなる役割を果たすことになるのであろうか。

まず言えることとは、第三の道徳、第四の倫理の秩序は、明らかに哲学の領域に属することである。そして哲学の根本的な領域である存在論や認識論は、第一の秩序の手前にあり、人間論や世界観は宗教が立ち去った後の第五の秩序に位するものであろう。哲学は、今や道徳、倫理において現実的な役割を持つとともに、現実世界を包み込む存在論、認識論、人間論、世界観として、全体的な眺望をわれわれにもたらしてくれるものと言えるであろう。

注

(1)日本科学者会議「日本の科学者」Vol.47 No.2 五二九号、二〇一二年、三頁。
(2)同前、一一頁。
(3)同前、二八頁。
(4)同前、三三頁。
(5)『空想から科学への社会主義の発展』マルクス・エンゲルス全集、大月書店、一九九一年、第一九巻、二〇四頁。
(6)『反デューリンク論』マルクス・エンゲルス全集、大月書店、一九八六年、第二〇巻、三六頁。
(7)『ルードウイッヒ・フォイエルバッハとドイツ古典哲学の終結』マルクス・エンゲルス全集、大月書店、一九九一年、第二一巻、三一一頁。
(8)木田元「哲学と反哲学」『新岩波講座哲学 1いま哲学とは』岩波書店、一九八五年所収、一八六頁。
(9)リチャード・ローティ『哲学の脱構築─プラグマティズムの帰結─』室井尚・吉岡洋・加藤哲弘・浜日出夫・庁茂訳、御茶の水書房、一九八五年、一〇頁。
(10)同前。
(11)同前、一五頁。
(12)リチャード・ローティ『哲学と自然の鏡』野家啓一監訳、伊藤春樹・須藤訓任・野家伸也・柴田

正良訳、産業図書、一九九三年、序論、三一頁。
(13) 同前、二七頁。
(14) 同前、四五三頁。
(15) 同前、四五四頁。
(16) 同前、三七〇頁。
(17) 同前、三六八頁。
(18) 同前、三七〇頁。
(19) ユルゲン・ハーバマス『道徳意識とコミュニケーション行為』三島憲一・中野敏男・木前利秋訳、岩波書店、二〇〇〇年、五頁。
(20) 同前、八頁。
(21) 同前、二三頁。
(22) 同前、二五頁。
(23) 同前、二六頁。
(24) 同前、三一頁。
(25) アンドレ・コント＝スポンヴィル『資本主義に徳はあるか』小須田健／C・カンタン訳、紀伊國屋書店、二〇〇六年。
(26) 同前、七一頁。
(27) 同前、七四頁。
(28) 同前、七七頁。

あとがき

本書は、私が一〇年くらい前に書きためていた「人間の尊厳」と「動物の〈いのち〉」についての論考と最近書いた論文を合わせたものである。私は、二〇一五年頃から二一世紀になって広く展開された新しい実在論の動きに興味を持ち、カンタン・メイヤスーの思弁的唯物論、マルクス・ガブリエルの意味の場の存在論、マウリツィオ・フェラーリスの新実在論、グレアム・ハーマンの対象指向存在論、そしてロイ・バスカーの超越論的実在論の研究を『実在論の新展開―ポストモダニズムの終焉―』（文理閣、二〇二〇年）にまとめたが、その後、そこで扱ったバスカーの実在論を介して、立命館大学の佐藤春吉先生を中心にバスカー研究を進めておられる批判的実在論研究会に参加するようになり、現在は、バスカーの研究に精力を注いでいる。そのために、本書で扱っているテーマを宙ぶらりんのままにしておくことになってしまい、ここ当分、その研究を深めていくことが見通せないことになっていた。しかしこれまで書いていた論考は、私なりに力を込めて書いたものであり、時事的な賞味期限の問題もあって、このまま放置しておくことは忍びないと思い、今回何とか一冊の本にしたいと思って出版に至った次第である。

実のところ、「人間の尊厳」と「動物論」については、本書所収の論文に加えて、もう二、三編は書きたいテーマがある。本書で扱った動物肉食の是非の問題、工場畜産のあり方の問題、またデリダの動物論について、腰を据えて正面から考えてみたいし、ヌスバウムのケイパビリティ・アプローチによる動物権利論についても検討したいところである。しかし今は、本書の出版を優先することにした。

本書の各章の初出については、以下の通りである。

第1章　「人間の尊厳」とは何か、それをいかに守るか（唯物論研究協会編『唯物論研究年誌』第一七号、二〇一二年一〇月、一三八〜一六〇頁）

第2章　「剥き出しの生」(la nuda vita) としての人間の生（環境思想・教育研究会編『環境思想・教育研究』第七号、二〇一五年、一一九〜一二三頁）

第3章　生命・生物・環境と倫理（日本科学者会議編『日本の科学者』Vol.48-No.4、二〇一三年四月、六〜一一頁）

第4章　哲学者たちと動物（環境思想・教育研究会編『環境思想・教育研究』第七号、二〇一四年、八三～八八頁）

第5章　人間論の革新とデカルト――尾関周二氏による機械論的自然観批判と関わって（『時代の思想の転換とともに―尾関周二教授退官記念論集―』二〇一二年、七六～八二頁）

第6章　尾関周二著『21世紀の変革思想に向けて―環境・農・デジタルの視点から―』について（関西唯物論研究会編『唯物論と現代』六五号、二〇二二年四月、三八～五六頁）

第7章　実在論の新展開――問題となる論点（唯物論研究協会編『唯物論研究年誌』第二五号、二〇二〇年一〇月、一六五～一八四頁）

第8章　哲学はなんの役に立つのか――哲学の役割（関西唯物論研究会編『唯物論と現代』四九号、二〇一二年一一月、二～一五頁）

今回も出版をお引き受けいただいた文理閣の黒川美富子代表、山下信編集長に厚くお礼を申し上げたい。

二〇二四年七月

河野勝彦

著者紹介

河野勝彦（こうの　かつひこ）

1945 年　姫路市にうまれる
1975 年　京都大学大学院文学研究科博士課程単位取得満期退学
現　在　京都産業大学名誉教授
著　書　『デカルトと近代理性』文理閣、1986 年
『環境と生命の倫理』文理閣、2000 年
『死と唯物論』青木書店、2002 年
『現代課題の哲学的分析——環境の危機・人間の危機・アイデンティティの危機』晃洋書房、2007 年
『実在論の新展開——ポストモダニズムの終焉』文理閣、2020 年

動物の〈いのち〉と人間の尊厳

2024 年 11 月 20 日　第 1 刷発行

著　者　河野勝彦
発行者　黒川美富子
発行所　図書出版　文理閣
京都市下京区七条河原町西南角〒600-8146
TEL（075）351-7553　FAX（075）351-7560
http://www.bunrikaku.com
印刷所　モリモト印刷株式会社

ISBN978-4-89259-961-3